D1668340

Alan C. Greenberg
Von Büroklammern und anderen Erfolgsgeheimnissen

Alan C. Greenberg

Von Büroklammern und anderen Erfolgsgeheimnissen

Ace Greenbergs bissige Notizen,
die Bear Stearns zum Erfolg führten

Aus dem Amerikanischen von Almuth Braun

FinanzBuch Verlag

Bibliografische Information der Deutschen Bibliothek:
Die Deutsche Bibliothek verzeichnet diese Publikation in der
Deutschen Nationalbibliografie; detaillierte bibliografische Daten
sind im Internet über **http://dnb.ddb.de** abrufbar.

Copyright der Originalausgabe: Copyright © 1996 by Alan C. Greenberg.
All rights reserved.

First published in the United States under the title: "memos from the chairman"

Published by arrangement with Workman Publishing Company, New York

Übersetzung: Almuth Braun, München
Lektorat und Projektmanagement: Evelyn Boos, Schondorf
Layout/Satz: Druckerei Joh. Walch, Augsburg
Covergestaltung: Melanie Feiler
Druck: Druckerei Joh. Walch, Augsburg

1. Auflage 2007
German language edition published by
FinanzBuch Verlag GmbH München
Frundsbergstraße 23
80634 München
Tel. 089 651285-0
Fax 089 652096
Copyright © 2007 by FinanzBuch Verlag

Alle Rechte, einschließlich derjenigen des auszugsweisen Abdrucks sowie der photo-
mechanischen Wiedergabe, vorbehalten.

Für Fragen und Anregungen:

greenberg@finanzbuchverlag.de

ISBN 978-3-89879-355-1

— Weitere Infos zum Thema —

www.finanzbuchverlag.de
Gerne übersenden wir Ihnen unser aktuelles Verlagsprogramm.

Ace Greenberg kann fast alles besser als ich – Bridge, Zaubertricks, Hundetraining, Arbitrage – also alles, was im Leben wichtig ist. Und in all diesen Dingen ist er so erfolgreich, dass man denken könnte, er löse bei seinen Kollegen von Bear Stearns tiefe Minderwertigkeitskomplexe aus. Aber wenn Sie das denken, dann wissen Sie nicht viel über seine Kollegen.

In diesem Buch erfahren wir endlich, woher sein Witz und seine Weisheit – und über beides verfügt er reichlich – stammen: Haimchinkel Malintz Anaynikal. (Ich hatte immer Probleme, seinen Nachnamen richtig auszusprechen, bis ich erfuhr, dass der Trick darin besteht, ihn auf Ahaynikal zu reimen.) Haimchinkel sieht alles, weiß alles und sagt alles – allerdings nur durch Ace, sein designiertes Orakel hier auf der Erde.

Haimchinkel ist genau nach meinem Geschmack – knauserig, eigensinnig und smart. Ich wünschte nur, ich hätte ihn früher getroffen, als ich in meinem jugendlichen Leichtsinn noch die Angewohnheit hatte, Büroklammern wegzuwerfen. Aber es ist nie zu spät, und so befolge und predige ich heute sklavisch seine Prinzipien.

Vor vielen Jahren gab das Buch *Und wo sind die Yachten der Kunden?* (FinanzBuch Verlag) in Form einer augenzwinkernden Betrachtung der Wall Street einige der besten Investmentratschläge, die jemals zu Papier gebracht wurden. In diesem Buch hat Ace dieselbe Betrachtungsweise auf Managementratschläge angewendet, und zwar mit dem gleichen Erfolg.

WARREN BUFFETT

Inhalt

1978 – 1988

Von seinem Gründungsjahr 1923 bis zum Jahr 1978 entwickelte sich Bear Stearns von einer kleinen Börsenmaklerfirma zu einem wichtigen Faktor der Wertpapierindustrie und expandierte in zahlreiche Bereiche, darunter auch solche, die mit Risikokapital verbunden sind. Die treibende Kraft hinter dem Wachstum und der Expansion des Unternehmens war Cy Lewis, der 1936 die Firmenleitung übernahm. Am 26. April 1978 erlitt er einen schweren Schlaganfall, an dessen Folgen er zwei Tage später verstarb. Und so begannen wir unser Fiskaljahr am 1. Mai 1978 ohne den Mann, der den Ruf genoss, Bear Stearns zu dem Unternehmen gemacht zu haben, das es 1978 war. An der Wall Street war man davon überzeugt, dass Bear Stearns ohne Cy Lewis verblassen würde wie ein Lichtschein in der Nacht. Diese Skeptiker übersahen eine von Cys Haupteigenschaften. Er spornte junge Leute an und beförderte sie so schnell, wie ihr Ehrgeiz sie trieb. Cy hinterließ eine hoch kompetente Mannschaft, die die Geschäfte weiterführen konnte und dies auch *tat.*

Als neuer CEO wusste ich, dass ich Unterstützung bei der Umsetzung von Strategien brauchte, die mir schon seit einiger Zeit durch den Kopf gegangen waren. Zu diesem Zeitpunkt traf ich Haimchinkel Malintz Anaynikal, den Doyen der Unternehmensphilosophen, der umgehend zu meinem Mentor und Berater wurde. Durch Memos an meine Partner kommunizierte ich seine Weisheit und seine Ideen darüber, wie sich unsere Gewinne am besten steigern ließen.

Diese Memos decken zehn Jahre ab; sie reichen von Mai 1978 bis Mai 1988. Sie geben Ihnen vielleicht eine Vorstellung von unserem Wachstum und dem Spaß, den wir dabei hatten, an der Weiterentwicklung und dem weiteren Aufbau von Bear Stearns mitzuwirken. Auch wenn es den Anschein hat, als seien die Memos im Scherz geschrieben, kann ich Ihnen versichern, dass die Dinge, die ich in diesen Mitteilungen klarmachen wollte, Dinge waren, von denen ich fest überzeugt war und es immer noch bin. Es gibt viele Wege, ein Unternehmen aufzubauen und zu leiten. Ich verwendete diese Memos, um meine Philosophien mitzuteilen, und ich denke, sie haben gewirkt – in unserem Fall zumindest.

Memo

An: Alle General & Limited Partner

Von: Alan C. Greenberg

Datum: 5. Oktober 1978

CC:

Betreff:

Bear Stearns wächst in rasantem Tempo und alle tragen dazu bei. Es ist für uns unerlässlich, dass wir zu jeder Zeit mit unseren Partnern sprechen können. Alle von uns haben ein Recht darauf, Mittag zu essen, Golf zu spielen und in den Urlaub zu fahren. Aber Sie müssen bei Ihrer Sekretärin oder Ihren Associates eine Notiz hinterlassen, wo Sie zu jedem Zeitpunkt zu erreichen sind. Es müssen ständig Entscheidungen getroffen werden, und Ihr Beitrag könnte wichtig sein!

Ich habe Untersuchungen über die 200 Unternehmen angestellt, die in den letzten Jahren von der Bildfläche verschwunden sind, und habe dabei festgestellt, dass 62,349% in den Konkurs gingen, weil die wichtigen Leute keine Nachricht hinterlassen hatten, wohin sie gingen, wenn sie ihre Schreibtische verließen – und wenn es nur für zehn Minuten war.

Diese Idiotie wird hier nicht passieren.

Memo

An: Alle General & Limited Partner

Von: Alan C. Greenberg

Datum: 13. März 1979

CC:

Betreff:

Der Vorstand hat gestern grünes Licht für die Ernennung einer Reihe von Kandidaten zu Limited Partners von Bear, Stearns & Co gegeben, unter der Voraussetzung, dass die anderen General Partners ebenfalls zustimmen. In Kürze erhalten Sie eine Liste der Kandidaten.

Carl Holstrom hat mich gerade darüber informiert, dass wir einen langfristigen Darlehensvertrag über 12 Millionen Dollar mit einer großen Versicherungsgesellschaft unterschrieben haben. Dieser Vertrag ersetzt unseren Darlehensvertrag mit der First National Bank of Chicago. Die Auswirkungen unseres neuen Vertrags und die Dollarersparnisse, die damit verbunden sind, sind für Bear, Stearns & Co von immenser Bedeutung.

Ich habe außerdem soeben die G&V-Ergebnisse für Februar erhalten, und nach meiner Meinung waren sie großartig. Diese drei Punkte werden beim Partnermeeting am 19. März ausführlich besprochen.

Die Entwicklungen scheinen wirklich gut auszusehen, und daher werden wir selbstverständlich unsere aufmerksame Beobachtung aller Positionen und Ausgaben intensivieren. Sie wissen, wie ich über die Gefahren eines übertriebenen Selbstvertrauens denke.

Es sieht in der Tat so aus, als hätten wir eine dynamische Zukunft vor uns, solange wir uns an die Worte des berühmten Philosophen Haimchinkel Malintz Anaynikal erinnern: »Du wirst solange ein erfolgreicher Geschäftsmann sein, solange du deinen eigenen Körpergeruch nicht für Parfüm hältst.«

Memo

BEAR STEARNS

An: Alle General & Limited Partner und andere potenzielle Parfümliebhaber

Von: Alan C. Greenberg

Datum: 23. März 1979

CC:

Betreff: Eklektische Gedanken aus dem Gesamtwerk Haimchinkel Malintz Anaynikals

---

Witter macht 886.000 Dollar Verlust

Gestern gab das internationale Wertpapierhaus Dean Witter Reynolds Organization Inc. für sein zweites Fiskalquartal, das am 28. Februar endete, einen Verlust von 886.000 Dollar sowie einen Gewinn von 2,5 Millionen Dollar – das entspricht 28 Cent pro Aktie – für die vergangenen sechs Monate bekannt.

Im Vergleichsquartal des Vorjahres betrug der Reingewinn 713.000 Dollar oder 9 Cents pro Aktie, und im Vergleichshalbjahr des Vorjahres belief er sich auf 3 Millionen Dollar oder 49 Cents pro Aktie, bezogen auf weniger ausgegebene Aktien. Das Unternehmen wies jedoch darauf hin, dass die Quartals- und Halbjahreszahlen des vorhergehenden Jahres die Ergebnisse der kombinierten Unternehmen für nur zwei Monate enthielten.

Dean Witter Reynolds Organization Inc. entstand am 3. Januar 1978 durch die Konsolidierung der Dean Witter Organization und Reynolds Securities International in einem der größten Zusammenschlüsse in der Geschichte des Wertpapierhandels.

Die Quartalsumsätze stiegen von 81,1 Millionen auf 114 Millionen Dollar und die Halbjahresumsätze kletterten von 141,4 Millionen auf 244,2 Millionen Dollar. Auch diese Zahlen enthalten die kombinierten Ergebnisse für nur zwei Monate.

Chairman mit den Ergebnissen unzufrieden

Chairman William M. Witter sagte: »Wir sind mit den Ergebnissen unserer wichtigsten Tochtergesellschaft Dean Witter Reynolds Inc. im zweiten Quartal und dem Umsatzeinbruch gegenüber dem ersten Quartal um 17 Millionen Dollar nicht zufrieden. Allerdings muss man diese Ergebnisse vor dem Hintergrund eines tendenziell unberechenbaren Marktes und enttäuschend geringer Handelsaktivitäten sehen.«

Das Unternehmen investiere weiterhin umfangreich in Werbung, operative Verbesserungen und neue Niederlassungen, so Mr. Witter.

Die Direktoren des Wertpapierhauses genehmigten den Rückkauf von bis zu 400.000 Stammaktien, die internen Aussagen zufolge möglicherweise für Aktienoptionen und allgemeine Unternehmenszwecke verwendet werden.

(Aus *The Wall Street Journal*)

Memo

An: Alle General & Limited Partner

Von: Alan C. Greenberg

Datum: 15. Juni 1979

CC:

Betreff:

In den letzten Tagen widmeten die Tageszeitungen den Ge-
winnberichten der an der Wall Street notierten Unternehmen
für das erste Kalenderquartal 1979 viel Platz. Ich dachte, Sie
wären vielleicht daran interessiert zu erfahren, wie wir unter
Verwendung derselben Messgrößen abgeschnitten haben.

Vergleichszeitraum
1. Kalenderquartal 1979
(in 1000 $)

	Bear Stearns	Branche	Bear Stearns in % der Branche
Umsätze	$ 51.595	$ 2.430.700	2,1%
Ausgaben	$ 40.280	$ 2.197.000	1,8%
Gewinn vor Steuern	$ 11.315	$ 233.700	4,8%

Ich möchte hier gerne erwähnen, dass die letzten drei Wochen
traumhaft waren. Alle Abteilungen brodeln, und einige unserer
neu gewonnenen Mitarbeiter leisten bereits echte Beiträge zum
Erfolg.

Aufgrund der guten Nachrichten denke ich, dass dies ein guter
Zeitpunkt ist, um uns der Lektüre des Werks von Haimchinkel
Malintz Anaynikal zu widmen und uns Gedanken über seine
Worte zu machen.

Memo

BEAR STEARNS

An: Alle General & Limited Partner

Von: Alan C. Greenberg

Datum: 30. Januar 1980

CC:

Betreff:

Mehrere meiner Partner haben mich in dieser Woche darauf angesprochen, auf welch bemerkenswerte Art und Weise uns die Dinge in den Schoß zu fallen scheinen. Einige unserer Erfolge sind das Ergebnis unserer eigenen Anstrengungen, aber andere sind einfach unserem Glück zuzuschreiben gewesen.

Ich bin lange genug in diesem Geschäft, um zu wissen, dass sich das Blatt wenden kann, wenn man am wenigsten damit rechnet. Alle diese Faktoren ließen mich an die Worte von Haimchinkel Malintz Anaynikal denken. Ich habe mir die Freiheit genommen, die letzten zwei Paragrafen meines Memos vom 13. März 1979 im vollen Wortlaut zu zitieren:

»Die Entwicklungen scheinen wirklich gut auszusehen, und daher werden wir selbstverständlich unsere aufmerksame Beobachtung aller Positionen und Ausgaben intensivieren. Sie wissen, wie ich über die Gefahren eines übertriebenen Selbstvertrauens denke.

Es sieht in der Tat so aus, als hätten wir eine dynamische Zukunft vor uns, solange wir uns an die Worte des berühmten Philosophen Haimchinkel Malintz Anaynikal erinnern: ‚Du wirst solange ein erfolgreicher Geschäftsmann sein, solange du deinen eigenen Körpergeruch nicht für Parfüm hältst.'«

Memo

BEAR STEARNS

An: Alle General & Limited Partner

Von: Alan C. Greenberg

Datum: 28. Mai 1980

CC:

Betreff:

Der Monat Mai ist der erste Monat unseres neuen Fiskaljahrs gewesen, aus buchhalterischen Gründen endete dieser Monat am 22. Mai. Es gibt erste Hinweise darauf, dass dies der beste Monat in der Geschichte von Bear Stearns gewesen ist.

Bevor wir uns aber allzu großem Überschwang hingeben, möchte ich eine Sache betonen. Wir arbeiten mit mehr Kapital als je zuvor; wenn wir also nicht jeden Monat einen neuen Rekord brechen, heißt das, dass wir wahrscheinlich faul werden. Wir haben noch viel Raum für Verbesserungen und immer noch einige Schwachstellen. Der einzige Bereich, von dem ich wirklich glaube, dass er hundertprozentig effizient ist, ist das Fehlerkonto.

Ich appelliere dringend an alle Partner, die eine Verkaufsmannschaft unter sich haben, ihre aufmerksame Beobachtung aller Mitarbeiter zu verschärfen. Ich möchte, dass alle Partner im Trading-Bereich besondere Aufmerksamkeit darauf verwenden, dass der Umfang unserer Positionen nicht dramatisch ansteigt und wir uns weiterhin eng an die Regeln von Haimchinkel Malintz Anaynikal halten, was Verlustbegrenzung, Risikopositionen und Körpergeruch angeht. *

Ich habe Carl Holstrom selbstverständlich noch einmal gebeten, die Spesenkonten unserer Partner und Associates noch enger zu überwachen. In Kürze werden Sie auch von Marvin Davidson über den sprunghaften Anstieg unserer Abteilungskosten hören.

Es ist unser aller Aufgabe, unsere unermüdlichen Gegner zu bekämpfen – Selbstgefälligkeit, übertriebenes Selbstvertrauen und Überheblichkeit.

---

* Alle diejenigen, die Haimchinkel Malintz Anaynikals Anmerkungen zu diesem Thema vielleicht vergessen haben, wenden sich bitte an Peggy Moynihan, um sich mein Memo vom 13.3.79 geben zu lassen.

Memo

An: Alle General & Limited Partner

Von: Alan C. Greenberg

Datum: 17. Oktober 1980

CC:

Betreff:

Der 16. Oktober war der größte Tag in der Geschichte der NYSE. Und er war mit einer Steigerung um circa 20 Prozent der größte Tag in der Geschichte von Bear Stearns. Damit meine ich sowohl die Zahl an Order Tickets als auch die Gesamtumsätze aus Provisionen.

Der Anstieg unseres Marktanteils ist sicher etwas, worauf wir stolz sein können, wobei die Kooperation mit Operations Personnel kritischer ist als je zuvor. Bitte halten Sie Ihre Mitarbeiter unbedingt dazu an, die Kollegen von Operations Personnel bei jedem Kontakt bestmöglich zu unterstützen.

Ich möchte auch noch einmal darauf hinweisen, dass die Philosophie und das Werk von Haimchinkel Malintz Anaynikal Pflichtlektüre sind. Wenn Sie Ihre Ausgabe verlegt haben, rufen Sie bitte Peggy Moynihan unter der Durchwahl -5369 an.

Memo

An: Alle General & Limited Partner

Von: Alan C. Greenberg

Datum: 5. Mai 1981

CC:

Betreff:

In letzter Zeit hat es viel Publicity um Unternehmen gegeben, die Absolventen mit MBA-Abschlüssen engagieren. Ich denke, es ist wichtig, dass wir bei einer Einstellungspolitik bleiben, die dazu beigetragen hat, dass wir kontinuierlich prosperieren und innerhalb von acht Jahren von 700 auf mehr als 2.600 Mitarbeiter gewachsen sind.

Unser vordringlichster Wunsch ist es, Leute aus den eigenen Reihen zu befördern. Wenn sich jemand mit einem MBA-Diplom bei uns bewirbt, werden wir das natürlich nicht gegen ihn verwenden, aber eigentlich suchen wir nach Leuten mit PSD*-Diplomen. Das sind die Leute, die unser Unternehmen aufgebaut haben, und wir haben sehr viele davon, da sich unsere Konkurrenten anscheinend auf MBA-Absolventen beschränken.

Wenn wir smart sind, werden wir zukünftige Cy Lewisse, Gus Levys und Bunny Laskers heranzüchten. Diese Männer waren mit einem Highschool-Abschluss und einem PSD erfolgreich.

---

* PSD steht für »poor, smart, deep desire to become rich.« (»Arm, schlau, unbändiges Verlangen reich zu werden.« – A.d.Ü.)

Memo

An: Alle General Partner

Von: Alan C. Greenberg

Datum: 20. August 1982

CC:

Betreff:

Jeder Partner hat das Recht auf Urlaub, und wir sind mit Hinblick auf die Urlaubsdauer oder sonstige freigenommene Tage im Jahr nie kleinlich gewesen. Ich bin allerdings der Ansicht, dass ein Partner, der sich nicht im Urlaub befindet, den Freitag als einen normalen Arbeitstag betrachten und ganztägig seiner Arbeit nachgehen sollte.

Haimchinkel Malintz Anaynikal hat in seinem ganzen Leben keinen einzigen Freitag freigenommen.

Memo

An: Alle General & Limited Partner

Von: Alan C. Greenberg

Datum: 5. Oktober 1982

CC:

Betreff:

Es sieht so aus, als sei der September der beste Monat in der Geschichte von Bear Stearns. Die letzten vier Wochen waren augenscheinlich besonders erfreulich, weil ich den Eindruck habe, dass jeder Bereich einen Beitrag geleistet hat – und das beweist, was so viele von uns über unser Potenzial gesagt haben, falls sich die Bedingungen zum Positiven verändern würden.

Ich denke, dass wir nach einem Monat wie diesem auf der Hut vor den Kehrseiten großer Erfolge sein sollten. Ich spreche von Selbstgefälligkeit, Nachlässigkeit, Großzügigkeit in Ausgaben, Übermut und ganz allgemeiner Sorglosigkeit.

Dies ist die Zeit, um besonders aufmerksam zu sein. Wenn sich der Markt zu unseren Gunsten entwickelt, will ich jeden Dollar abräumen und nichts auf dem Tisch liegen lassen. Der Markt kann sich auch wieder wenden, also vergessen Sie auch nicht einen Augenblick lang, was der große Berater Haimchinkel Malintz Anaynikal viele Jahre zuvor gesagt hat: »Wenn es hart wird, fangen die Harten an zu verkaufen.«

Unser Unternehmen hat ein dynamisches »Money-Making«-Potenzial und wird weiterhin wachsen und gedeihen und unsere kühnsten Träume übertreffen, wenn wir unsere gesamten Arbeitsstunden auf Bear, Stearns & Co. konzentrieren. Das hat den Vorstand zu der Entscheidung veranlasst, dass kein General Partner oder sein Ehepartner ohne die Genehmigung des Vorstands externe Investitionen tätigen darf (außer öffentlich gehandelten Aktien und Anleihen oder einer Wohnimmobilie). Der Vorstand will nicht, dass sich unsere Partner über irgendein anderes Geschäft als Bear Stearns Gedanken oder Sorgen machen müssen. Anteile an unserem Unternehmen zu halten ist die beste Investition, die jeder von uns jemals tätigen kann. Geben wir B. S. also hundert Prozent unserer Energie.

Memo

An: Alle General & Limited Partner

Von: Alan C. Greenberg

Datum: 10. Januar 1983

CC:

Betreff: Fehlerkonto

Wir müssen ein großartiges Unternehmen sein, weil ich glaube, dass wir letzte Woche den Breakeven erreicht haben, obwohl wir für eine fürchterliche Serie an Fehlern bezahlt haben. Ich bin mir sehr wohl darüber bewusst, dass Menschen immer Fehler machen können. Meine Irritation entstammt der Tatsache, dass diese Fehler nicht sofort auffallen. Oftmals liegt das daran, dass der Urheber zu faul ist, um am nächsten Tag einen Blick auf seinen Ablauf zu werfen; zu faul, um die Auftragskopien der Registered Reps zu studieren und zu faul, um die Monatsauszüge zu prüfen.

Das Unternehmen hat stets viel Verständnis für Fehler gehabt. Wir haben jedoch kein Verständnis, wenn Fehler aufgrund von Faulheit und Dummheit nicht umgehend bemerkt werden.

Bitte achten Sie darauf, dass die Mitarbeiter, die mit Ihnen und für Sie arbeiten, die Regeln verstehen, weil ich kein Geschrei hören möchte, wenn ein Associate ein Jahresgehalt in den Wind schießt.

Sie wissen, dass ich seit Jahren predige, dass Selbstgefälligkeit unser größter Feind ist. Ist dies das erste Symptom unserer Dekadenz? Falls ja, weiß ich, wie sich diese Form der Nachlässigkeit kurieren lässt.

Memo

An: Alle General & Limited Partner

Von: Alan C. Greenberg

Datum: 2. Mai 1983

CC:

Betreff:

Haimchinkel Malintz Anaynikal hat gerade angerufen und mich an etwas erinnert, an das ich selbst hätte denken sollen.

Das Fiskaljahr endete letzten Freitag, und es war ein gutes Jahr. Aber es ist vorbei. Neues Spiel, neues Glück. Niemanden (vor allem nicht unsere Wettbewerber) interessiert, was wir letztes Jahr gemacht haben.

Nehmen wir also die Peitsche in die Hand und machen den Monat Mai zu einem Indikator für unsere Performance in den kommenden zwölf Monaten.

Memo

An: Alle Mitarbeiter

Von: Alan C. Greenberg

Datum: 22. Juni 1983

CC:

Betreff: Eingehende Post, Pakete, Brieftauben und andere Trans-
portmethoden für Versandartikel, die in das Firmengebäude von Bear Stearns geliefert werden

Die Regeln der NYSE verlangen, dass wir die gesamte Eingangspost öffnen und untersuchen, bevor sie an die Empfänger
verteilt wird.»Eingangspost« beinhaltet alle Briefe, Artikel und
Päckchen, die von Hand an unsere Firma geliefert oder von einem unserer Kurierdienste abgeholt werden. Alle Pakete, die in
unserem Firmengebäude eingehen, müssen geöffnet und der
Inhalt muss inspiziert werden. Bear Stearns hat diese Vorgabe
in der Vergangenheit erfüllt und wird sich in der Zukunft noch
strenger daran halten.

Wir sind dabei, unsere Prüfkapazitäten zu verdreifachen. Der
Grund dafür ist, dass ein vor kurzem geöffnetes Päckchen
»Schmuggelware« enthielt. Diese wurde konfisziert und ver-
nichtet. Das nächste Mal, wenn wir jemanden dabei ertappen,
Schmuggelware zu versenden oder zu empfangen, informieren
wir die entsprechenden Behörden. Unbeschadet von den poli-
zeilichen Maßnahmen wird Bear Stearns mit aller Härte gegen
die Urheber der Gesetzesverstöße vorgehen. Von jetzt an wird
an jedem Betroffenen ein Exempel statuiert.

Falls irgendjemand dieses Memo nicht verstehen sollte, möge er
bei mir vorbeikommen, damit ich es ihm persönlich erkläre!

Memo

An: Alle General Partner

Von: Alan C. Greenberg

Datum: 24. Juni 1983

CC:

Betreff:

Am 5. Oktober 1978 wurde das beigefügte Memo versendet. Wir sind seit dem Versand dieses Memos sehr erfolgreich gewesen, und ich denke, dass 93,4% unseres Erfolgs auf die ständige Verfügbarkeit unserer Partner und Associates zurückzuführen ist.

In den letzten Monaten hatten wir sehr viel zu tun und einige von uns sind etwas nachlässig geworden, was grundlegende Dinge betrifft wie das Hinterlassen einer Nachricht, wo sie zu erreichen sind. Wir dürfen uns hier keine Nachlässigkeiten erlauben.

Ich habe Marlin Perkins vom Zoo in St. Louis kontaktiert. Die nächste Person, die ich nicht sofort finden kann, wird mit einem Funkhalsband versehen. Bitte prägen Sie Ihren Kollegen und Mitarbeitern unsere Politik deutlich ein. Die Halsbänder sind sperrig und nicht sehr attraktiv.

An: Alle General & Limited Partner

Von: Alan C. Greenberg

Datum: 9. September 1983

CC:

Betreff:

Haimchinkel Malintz Anaynikal hat mich gerade angerufen und mir erzählt, er sei von den Ergebnissen des Monats August sehr beeindruckt. Ich habe sie noch nicht gesehen, aber wenn sie tatsächlich so gut sind, wie Haimchinkel Malintz Anaynikal behauptet, dann war der August wahrscheinlich der beste Monat, den wir in relativen Zahlen jemals hatten.

Der Markt für Anleihen und Aktien hat sich nicht bewegt, aber die Bear-Stearns-Maschine hat gearbeitet. Haimchinkels Anruf erinnerte mich jedoch an die Warnung, die er uns vor einigen Jahren mit auf den Weg gab, als er sagte: »Du wirst solange ein erfolgreicher Geschäftsmann sein, solange du deinen eigenen Körpergeruch nicht für Parfüm hältst.« Ich habe ihm versichert, dass wir uns trotz unseres Erfolgs nach wie vor bemühen, so vorsichtig und peinlich genau wie möglich zu sein. *Machen Sie mich nicht zum Lügner.*

Memo

An: Alle General & Limited Partner

Von: Alan C. Greenberg

Datum: 25. Januar 1984

CC:

Betreff:

Sie haben in der Presse wahrscheinlich die Quartalsberichte unserer Wettbewerber über die vergangenen drei Monate gesehen. Und wahrscheinlich sind Sie auch über unser Ergebnis im Vergleichszeitraum und den ersten acht Monaten des laufenden Fiskaljahrs informiert.

Die Betrachtung dieser Zahlen steigert meine Entschlossenheit mehr denn je, die einfachen Regeln zu befolgen, die der Doyen der Unternehmensphilosophie, Haimchinkel Malintz Anaynikal aufstellte:

1. Schuster, bleib bei deinem Leisten.
2. Pass auf deinen Laden auf.
3. Begrenze deine Verluste.
4. Wache wie ein Adler über deine Ausgaben.
5. Übe dich in Demut, Demut, Demut.
6. Wenn du einen neuen Kunden gewonnen hast, dann wisse über ihn Bescheid und sorge dafür, dass sich sein Geld mehrt.

Bei unserem Partnermeeting vor zwei Wochen sprach mich Haimchinkel Malintz Anaynikal darauf an, dass die Hors d'oeuvres seit den Erdnüssen sehr viel luxuriöser geworden seien. Sie werden sich freuen zu hören, dass wir wieder zu den Erdnüssen zurückkehren. Das mag als eine Miniersparnis erscheinen, aber schon der Gedanke zählt.

Memo

An: Alle General & Limited Partner

Von: Alan C. Greenberg

Datum: 10. April 1984

CC:

Betreff:

Gerade wurden mir die Zahlen für März hereingereicht. In absoluten Zahlen hatten wir schon bessere Monate, aber relativ betrachtet denke ich, dass das Ergebnis des vergangenen Monats das Beste war, das ich je gesehen habe. Ich meine auch, dass wir auf unser Ergebnis für das erste Quartal 1984 stolz sein können, weil die Märkte bestenfalls schwierig, am Boden und gefährlich waren.

Haimchinkel Malintz Anaynikal hat mich kürzlich auf gewisse interne Fehden aufmerksam gemacht, die zum Niedergang smarterer, reicherer und größerer Firmen als unserer geführt haben. Die aufmerksame Beobachtung für diese Zeichen der Zwietracht wird eine meiner obersten Prioritäten sein.

Wo immer man mit einer Gruppe von mehr als 80 Partnern zu tun hat, wird es wahrscheinlich ein oder zwei Menschen geben, die einem nicht behagen. Über viele Jahre sind die Partner dieses Unternehmens bemerkenswert gut miteinander ausgekommen, und die Zusammenarbeit ist derzeit großartig. Unter den Dingen, für die ich in der Zukunft extrem sensibel sein und auf die ich mit größter Entschiedenheit reagieren werde – sollte ich sie feststellen –, sind anhaltende Animositäten unter den Partnern. Ehrliche Männer können Meinungsverschiedenheiten haben, aber wenn daraus Animositäten werden, werden Sie Probleme bekommen. Ich werde nicht zulassen, dass persönliche Auseinandersetzungen den Nettoertrag unserer goldenen Gans auf irgendeine Weise beeinträchtigen.

Das Jahr ist noch nicht vorbei, und wir haben noch 20 Tage, um daraus ein Jahr zu machen, auf das wir stolz sein können. Ich hoffe, ich sehe Sie alle persönlich bei unserem Jahrestreffen.

Memo

An: Alle Registered Representatives

Von: Alan C. Greenberg

Datum: 23. Juli 1984

CC:

Betreff:

Harte Zeiten. Der Markt ist seit dem letzten Juli extrem schwierig gewesen. Es ist sicher kein Spaß, am Montagmorgen ins Büro zu kommen und von einem Kurseinbruch um zwölf Punkte überrascht zu werden.

Ich hoffe, Sie alle wissen, wie wichtig Sie für Bear Stearns sind und wie sehr ich bei dem, was Sie durchmachen, mit Ihnen fühle.

Es ist mir wichtig, dass jede Abteilung, die mit Registered Representatives zu tun hat, diesen Kollegen bei ihren Anstrengungen und Wünschen hundertprozentige Unterstützung bietet.

Sie tun mir einen großen Gefallen, wenn Sie mich sofort anrufen, sobald Sie das Gefühl haben, dass Sie keine Triple-A-Behandlung erfahren.

Die administrativen Bereiche stehen unter einem sehr großen Druck, aber das ist niemals eine Entschuldigung dafür, unsere Verkaufsmannschaft nicht so zu behandeln, wie sie es verdient.

Memo

An: Alle General & Limited Partner

Von: Alan C. Greenberg

Datum: 25. Juli 1984

CC:

Betreff:

Die Zeitungen sind voll mit den Quartalsberichten börsennotierter Investmentbanken. In den drei Monaten, die mit dem 30. Juni endeten, machte Bear, Stearns & Co einen Verlust in Höhe von 3.473.000 Dollar nach Zinsen auf das Partnerkapital.

Diese Zahlen werden Ihnen keine großen Einkäufe bei Tiffany's ermöglichen, aber sie heißen, dass wir die Dinge einigermaßen unter Kontrolle halten. Denken Sie daran, dass die Zahlen unserer Wettbewerber üblicherweise das Ergebnis nach Steuergutschrift wiedergeben. Zum Beispiel betrug der Verlust von 33 Millionen Dollar, den Merrill Lynch heute Morgen bekannt gegeben hat, tatsächlich 90 Millionen Dollar vor Steuergutschrift.

Wir geraten nicht in Panik und entlassen keine Mitarbeiter, aber wir unternehmen große Anstrengungen, um unsere Ausgaben zu senken. Auf der anderen Seite haben wir in den letzten Monaten eine große Zahl an hoch kompetenten Mitarbeitern eingestellt. Jetzt ist der Zeitpunkt, um gute Leute anzuheuern. Diese Politik haben wir in der Vergangenheit verfolgt, und ich bin davon überzeugt, dass uns die Zukunft wieder einmal Recht geben wird.

Ich wollte dieses Memo eigentlich gar nicht schreiben, aber Haimchinkel Malintz Anaynikal bestand darauf, dass ich mit den Truppen kommunizieren solle, auch wenn die Nachrichten alles andere als erfreulich sind. Haimchinkel Malintz Anaynikal erwähnte auch, dass jetzt die Zeit ist, in der wir uns nicht vor den Kunden verstecken dürfen. Es erfordert großen Mut, um Anrufe zu tätigen, bei denen man weiß, dass die Begrüßung unter Umständen äußerst frostig ausfallen kann. Aber es gibt Zeiten, in denen wir den Dingen ins Gesicht sehen müssen. Das wird sich auszahlen, wenn sich der Markt wieder wendet, und ich verspreche Ihnen, dass er das wird. Hoffentlich früher als später.

An: Alle General & Limited Partner

Von: Alan C. Greenberg

Datum: 19. Juni 1985

CC:

Betreff:

Der Mai ist Geschichte, aber es sieht so aus, als wären uns zehn Home Runs im ersten Inning gelungen. Ich kann mich ehrlich gesagt nicht erinnern, dass wir im Monat Mai jemals bereits den Breakeven erreicht, geschweige denn Geld verdient hätten.

Haimchinkel Malintz Anaynikal kam auf einen Sprung vorbei, sah die Zahlen und gab einige Empfehlungen. Wir sollten auf keinen Fall die Basics aus den Augen verlieren, wie die Senkung unserer Ausgaben und Wachsamkeit gegenüber der Tatsache, dass einige Leute uns gern das ganze Haus unter den vier Buchstaben wegstehlen würden, wenn wir nicht genau aufpassen.

Haimchinkel wies mich darauf hin, dass die Ausgaben immer gerne dann gesenkt werden, wenn die Dinge nicht gut laufen, und wie dumm diese Argumentation ist. Wenn die Dinge gut laufen, ist es umso wichtiger, dass man auf seine Ausgaben achtet, weil es völlig blödsinnig ist, Gewinne zu verschenken, wenn man einen Royal Flush in der Hand hält. Wir müssen auch weiterhin wachsam und aggressiv sein und dürfen niemals in Selbstgefälligkeit verfallen. Und als letzter und vielleicht wichtigster Punkt müssen die Partner dieses Unternehmens weiterhin zusammenarbeiten und lernen, über kleine Differenzen hinweg zu sehen. Wir alle sind austauschbar, und ich hoffe, dass unser Vorstand diese Tatsache nicht an irgendjemandem von uns beweisen muss.

Memo

An: General & Limited Partner

Von: Alan C. Greenberg

Datum: 9. August 1985

CC:

Betreff: Ausgaben

Gerade wurden mir die Ergebnisse für unser erstes Quartal vorgelegt. Sie sind exzellent. Es scheint in der Natur der Sterblichen zu liegen, dass sich in Phasen des Wohlstands ihre Ausgaben aufblähen. Wir werden die Ausnahme sein. Ich habe soeben die Einkaufsabteilung darüber informiert, dass sie keine Büroklammern mehr kaufen soll. Wir alle erhalten jeden Tag Dokumente, an denen Büroklammern befestigt sind. Wenn wir diese Klammern sammeln, werden wir nicht nur genügend Büroklammern für unseren eigenen Bedarf haben, sondern in kurzer Zeit unter Bergen dieser kleinen Drahtdinger begraben sein. Wir werden die überschüssigen Mengen regelmäßig einsammeln und verkaufen (nachdem unsere Kosten dabei gleich null sind, sagt mir die Arbitrage-Abteilung, dass die Kapitalrendite über dem Durchschnitt liegen wird). Diese Aktion mag etwas kleinkariert wirken, aber alles, was wir tun können, um bei unseren Mitarbeitern das Kostenbewusstsein zu erhöhen, ist seine Mühe wert.

Neben den Büroklammern werden wir auch die Bestellungen der blauen Umschläge herunterfahren, in denen die interne Post versandt wird. Diese Umschläge können immer wieder verwendet werden. Wir alle werden dazu beitragen, den Nettogewinn zu steigern.

Bear Stearns wird wahrscheinlich Publikumsaktien herausgeben, und ich möchte den potenziellen Käufern unserer Aktien gerne eine Garantie geben. Nämlich die, dass sie von uns den fairsten Preis bekommen, den das Management einem Aktionär bieten kann. Diese Firma wird nach strengen Regeln geführt, und die Gründe dafür sind nicht rein altruistisch. Wir gehen nicht wegen unserer eigenen Leistungsanreize an die Börse.

Wir gehen aus einer Reihe von Gründen an die Börse, und einer davon lautet, dass wir wollen, dass unsere Aktie wertgeschätzt wird.

Wahrscheinlich haben Sie inzwischen erraten, dass diese Gedanken ursprünglich nicht von mir stammen. Sie sind einem der frühen Werke von Haimchinkel Malintz Anaynikal entnommen. Bis jetzt haben uns seine Gedanken nie auf die falsche Fährte gelockt. Lassen Sie uns bei seinen Theorien bleiben, bis er uns enttäuscht.

Memo

An: General & Limited Partner

Von: Alan C. Greenberg

Datum: 15. August 1985

CC:

Betreff: Reicher werden

Danke, danke, danke! Die Reaktion auf das Memo über Büroklammern und Umschläge war überwältigend. Es hat den Anschein, als litten wir bereits an einem massiven Überschuss an Büroklammern. Dieser wird in Kürze von einem designierten Büroklammer-Abhol-Service eingesammelt und anschließend per Auktion veräußert.

Aufgrund Ihrer Kooperation möchte ich unsere Kosten reduzierenden Anstrengungen auf ein größeres Thema ausdehnen. Bear Stearns wird keine Gummibänder mehr einkaufen. Wenn wir die Büroklammern eingehender Post aufheben können, dann können wir auch Gummibänder sammeln. Ich hege die Hoffnung, dass wir auch Berge dieser kleinen Elastikstrapse übrig haben werden.

Es liegt auf der Hand, dass ich sogar etwas noch Größeres vorhabe, wenn wir die Herausforderung der Gummibänder bewältigen können.

Bei einem privaten Unternehmen fließen Kosteneinsparungen direkt in das Gewinnergebnis ein. Bei einem börsennotierten Unternehmen ist das zwar auch der Fall, aber die Einsparungen multiplizieren sich mit dem Multiple der Aktie.

Wenn Sie Mühe haben, den letzten Absatz zu verstehen, dann vertrauen Sie mir einfach oder rufen Sie direkt bei Haimchinkel Malintz Anaynikal an.

Memo

An: General & Limited Partner

Von: Alan C. Greenberg

Datum: 10. September 1985

CC:

Betreff: Memo-Blöcke

Wir haben alle Mitarbeiter mit Memo-Blöcken ausgestattet. Diese Blöcke tragen am oberen Rand unser Logo sowie den Namen und die Telefonnummer des jeweiligen Mitarbeiters. Das ist konzeptionell falsch. Wir befinden uns in einem Geschäft, das stark auf persönlichen Dialog setzt. Es würde einen wesentlich herzlicheren Eindruck machen, wenn der Absender eines Memos dieses persönlich mit seinem Namen und seiner Telefonnummer unterschreiben und ein paar warme Worte hinzufügen würde, etwa: »Ich liebe Sie« oder »Ich brauche mehr Geschäft, um meine Familie zu ernähren.«

In kontinuierlicher Verfolgung unseres Ziels, die Einkommen unserer Associates zu steigern, werden die Blöcke daher von nun an lediglich den Aufdruck Bear, Stearns & Co tragen.

Es ist verblüffend, wie eine gute Idee gelegentlich unvorhergesehene Nutzen hervorbringt. Haimchinkel Malintz Anaynikal informierte mich soeben, dass diese überlegene Art der Kommunikation uns Einsparungen von 45.000 Dollar pro Jahr beschert. Welch angenehme Überraschung!

Memo

An: Managing & Associate Directors

Von: Alan C. Greenberg

Datum: 13. Dezember 1985

CC:

Betreff:

Die Lage ist einfach zu gut! In Zeiten wie diesen muss man besonders vorsichtig, wachsam, smart, misstrauisch und ganz allgemein dankbar dafür sein, dass wir leben. Diejenigen von uns, die schon eine Weile dabei sind, wissen, was ich meine.

Wenn sich die Situation so gut darstellt wie derzeit, steht einem üblicherweise eine größere unangenehme Überraschung ins Haus. Lassen Sie uns diesmal wirklich versuchen, nichts zu verschenken. Die Zeiten werden sich ändern, und dann wird es gut sein, wenn man ordentlich Speck auf den Knochen hat.

Wir wollen weiterhin über die Sicherheit unserer Firma wachen und erkennen, dass keiner von uns wirklich smart ist. Wir sind lediglich zum richtigen Zeitpunkt am richtigen Ort gewesen. Lassen Sie uns unsere Ausgaben weiterhin streng überwachen, damit unser Gewinn aussieht wie eine Mischung aus Miss Amerika und Haimchinkel Malintz Anaynikal.

Memo

BEAR STEARNS

An: Managing & Associate Directors

Von: Alan C. Greenberg

Datum: 6. Januar 1986

CC:

Betreff:

Haimchinkel Malintz Anaynikal hatte wieder einmal Recht. Einige von Ihnen hatten vielleicht Zweifel an seiner Theorie über die Effekte der Kostenreduzierung, aber der Monat Dezember sollte ein für alle Mal beweisen, dass der Schlüssel zur Profitabilität in der Eindämmung des verschwenderischen Umgangs mit Büroklammern und Gummibändern liegt.

Ich denke, Dezember 1985 war der großartigste Monat in der Geschichte von Bear Stearns. Wenn wir weiterhin Geschäft generieren und unsere Kosten senken, dann könnte unsere Aktie auf 23¼ steigen.

Nun, da Sie alle überzeugt sind, würde ich gerne echte Anstrengungen und Ergebnisse im Bereich Kosteneinsparungen sehen. Die anderen Unternehmen unserer Branche senken Kosten, wenn die Geschäfte schlecht laufen. Wir versuchen ständig unsere Kosten zu reduzieren, aber ganz besonders in guten Zeiten.

Wären wir ohne die Hilfe von Haimchinkel Malintz Anaynikal auf dieses brillante Stückchen Logik gekommen? Ich bezweifle es, aber lassen Sie uns die Dinge auch weiterhin anders machen als andere. Unsere Erfolgsgeschichte lässt sich sehen.

Memo

An: Managing & Associate Directors

Von: Alan C. Greenberg

Datum: 25. Februar 1986

CC:

Betreff:

Die G&V-Bilanz für die ersten drei Monate seit unserem Börsengang ist sicher etwas, worauf wir stolz sein können. Bevor wir aber in eine der Fallen tappen, vor denen uns Haimchinkel Malintz Anaynikal so oft gewarnt hat, erinnern Sie sich bitte daran, dass wir von einem großartigen Aktien- und Anleihemarkt profitieren konnten. Ich denke, dass es für uns alle besonders wichtig ist, uns ein wenig Zeit zu nehmen und uns die Basics in Erinnerung zu rufen:

1. Wir müssen auch weiterhin unser Bestes tun, um die Kosten zu kontrollieren. Jeder Dollar, den wir an Kosten sparen, kommt direkt unserem Gewinn zugute. Das sollte uns allen ein Anliegen sein – oder Sie sind im falschen Unternehmen. Auf die Kosten muss immer geachtet werden, vor allem dann, wenn das Geschäft gut läuft.

2. Wir müssen auch weiterhin auf der Hut vor Betrügereien und Rosstäuschern sein. Wir müssen bei unseren Kollegen und Mitarbeitern auf ungewöhnliches Verhalten achten. Was ist ungewöhnliches Verhalten? Etwas Subtiles, zum Beispiel jemand, der einen Rolls-Royce fährt, obwohl sein Gehalt kaum für Rollerskates reicht.

3. Sind Ihre Kollegen und Mitarbeiter höflich am Telefon? Werden alle Telefonanrufe entgegengenommen beziehungsweise erwidert? Es ist mir völlig gleich, was jemand in seinem eigenen Zuhause macht, aber ich bestehe darauf, dass alle Anrufer, die sich während der Arbeitszeit bei irgendjemandem von Bear Stearns melden, zurückgerufen werden. Es ist mir egal, ob der Anrufer Malaria verkauft. Alle Anrufer werden zurückgerufen!

4. Sind die RezeptionistInnen und TelefonistInnen in allen unseren Büros freundlich und höflich? Und wenn sie es sind, wird ihnen angemessen dafür gedankt? Denken Sie daran, dass der erste Kontakt eines Kunden mit unserem Unternehmen in den meisten Fällen über die Rezeption oder die Telefonvermittlung erfolgt.

5. Hinterlassen Sie und Ihre Associates immer eine Nachricht, wo Sie zu jedem Zeitpunkt zu erreichen sind, sodass die Suche nach Ihnen nicht dem Aufspüren der Andrea Doria gleicht?

6. Im September 1983 wurde ein Memo mit einem Zitat aus den Werken von Haimchinkel Malintz Anaynikal versendet. Dieses Zitat verdient es, wiederholt zu werden. »Du wirst solange ein erfolgreicher Geschäftsmann sein, solange du deinen eigenen Körpergeruch nicht für Parfüm hältst.«

Denken Sie daran, dass die Green Bay Packers gewannen, weil sie die Basics besser beherrschten als ihre Gegner. Trickreiche Spielzüge beherrschen die Schlagzeilen, Gewinner beherrschen dagegen die Basics.

Memo

An: Managing & Associate Directors

Von: Alan C. Greenberg

Datum: 10. April 1986

CC:

Betreff: Fehlerkonto

Es lässt sich mit Sicherheit sagen, dass unser Fehlerkonto mit fast hundertprozentiger Effizienz läuft. Wir müssen etwas tun, um diese völlig verrückten Fehler zu stoppen, weil diese Verluste direkt unseren Gewinn belasten – und Sie wissen, wie ich gerade über diese Statistik denke.

Bisher sind wir ziemlich kulant gewesen, was die finanzielle Inanspruchnahme der Urheber dieser Fehler anging. Unser System hat sich aber offensichtlich nicht bewährt, und wenn sich etwas nicht bewährt, glaube ich, dass es verändert werden muss. Ab sofort behalten wir uns das Recht vor, die Fehlerverursacher zur Kasse zu bitten, und das gilt auch für Geschäftsführer. Ab sofort werde ich für meine eigene Dummheit oder die Dummheit einer meiner Mitarbeiter bezahlen. Ich schlage also vor, dass wir alle sorgfältiger werden.

Denken Sie an die Worte Haimchinkel Malintz Anaynikals: »Gute Zeiten sind die richtigen Zeiten, um Dummheiten zu unterbinden und Kosten zu senken. Alle Schlemiels* und die meisten Schlimazels* versuchen, die Kosten in schlechten Zeiten zu senken.«

---

* Für alle diejenigen, die des Persischen nicht mächtig sind: Ein Schlemiel ist jemand, der Suppe verkleckert. Er bekleckert damit den Schlimazel.

Memo

An: Managing & Associate Directors

Von: Alan C. Greenberg

Datum: 14. April 1986

CC:

Betreff: Federal Express

Für einige von Ihnen mag es eine Überraschung sein, aber Federal Express ist keine hundertprozentige Tochter von Bear, Stearns & Co, Inc. Ich erwähne dies, weil wir in einem Monat 50.000 Dollar für FedEx-Leistungen ausgegeben haben und es keine Erklärung gibt, die diese Ausgabe rechtfertigen würde, es sei denn, wir hätten dieses Unternehmen gekauft.

Ich habe überprüft, wie viel ich für per Federal Express versendete Pakete an meine Kunden bezahlt habe, und habe festgestellt, dass es für die vergangenen elf Monate 68,32 Dollar waren. Eine der Versandrechnungen bezog sich auf ein Päckchen, das ich Haimchinkel Malintz Anaynikal geschickt habe. Das gilt wohl als Firmenkosten, aber ich mache keine große Sache daraus. Was ich damit sagen will, ist, dass Federal Express ein Luxus ist, und man sein Geschäft auch erfolgreich betreiben kann, wenn man die reguläre Post benutzt.

Ich kann Ihnen versichern, dass die zukünftige Beauftragung von Federal Express sehr genau überprüft werden wird. Die Tatsache, dass das bisher nicht geschehen ist, ist ganz und gar mein Fehler, und ich übernehme dafür die volle Verantwortung.

Nachdem ich darüber nachgedacht habe, werde ich diese 25 Dollar zurückbuchen lassen, die mir dafür berechnet wurden, dass ich unsere Zahlen an Haimchinkel Malintz Anaynikal gesendet habe. Wir müssen nach buchhalterischer Perfektion streben.

Memo

BEAR STEARNS

An: Managing & Associate Directors

Von: Alan C. Greenberg

Datum: 18. April 1986

CC:

Betreff: Wie man reicher wird

Es ist verblüffend, wie einfach es ist, richtig viel Geld zu sparen, wenn man sich wirklich darauf konzentriert. Neulich habe ich von Haimchinkel Malintz Anaynikal geträumt und dabei kam mir die folgende Idee.

Wir alle verwenden blaue Umschläge, um schriftliche Dokumente innerhalb der Firma zu versenden. Unser Team hat diese Umschläge in vorbildlicher Weise aufgehoben und wiederverwendet, aber dafür ist unser Verbrauch an Klebeband gestiegen. Bitte weisen Sie Ihre Sekretärin ab sofort an, nur die linke Seite des Falzes anzulecken, wenn Sie etwas versenden wollen. Der Grund dafür wird Sie verblüffen, und Sie werden sich fragen, warum Sie nicht selbst darauf gekommen sind.

Wenn der Umschlag vom Empfänger vorsichtig geöffnet wird, kann er noch mal verwendet und versiegelt werden, ohne dass dazu Klebeband nötig wäre, indem die Sekretärin dieses Mal die rechte Seite des Falzes anleckt und den Umschlag verschließt.

Wenn sich alle von uns an akkurates und präzises Anlecken gewöhnt haben, wird diese Methode fortgeführt, indem bei weiteren Verwendungen des Umschlags jeweils nur das linke Drittel des Falzes angeleckt wird, für die nächste Reise die Mitte und für den letzten Versand die rechte Seite. Wenn man eine kleine Zunge und gute Koordinationsfähigkeiten hat, kann ein Umschlag bis zu zehn Mal geöffnet und wieder verschlossen werden.

Das Schöne an diesem Gedanken ist, dass er nicht nur praktisch, sondern auch hundertprozentig hygienisch ist. Unsere Gewinne werden weiterhin steigen, wenn alle von uns mit ähnlich brillanten Ideen aufwarten.

42

Memo

 **BEAR STEARNS**

An: Managing & Associate Directors

Von: Alan C. Greenberg

Datum: 29. August 1986

CC:

Betreff:

Der August ist inzwischen Geschichte, aber ich habe ihn höchst ungern enden sehen. Dieser Monat hat mir sehr viel Freude bereitet. Die Zahlen sind noch nicht verfügbar. Sie werden hervorragend sein, aber keinen neuen Rekord aufstellen.

Der August hat mir die Sorge für etwas übertragen. Ich kann mich nämlich an keine Zeit erinnern, in der alle Abteilungen so gut zu arbeiten schienen. Wir laufen wirklich auf allen Zylindern. Ehrlich gesagt war der einzige Wermutstropfen unser anhaltendes Problem der Verluste aufgrund mangelnder Aufmerksamkeit.

Erinnern Sie sich daran, was Haimchinkel Malintz Anaynikal einst sagte: »Die Stärke der stärksten Kette wird von seinem schwächsten Schmuck[+] bestimmt.« Es ist wichtig, dass jede Abteilung von Bear Stearns weiterhin mit maximaler Effizienz arbeitet.

Ihnen allen herzlichen Glückwunsch!

Weil es uns so gut geht, ist es absolut unerlässlich, dass wir uns die Grundlagen in Erinnerung rufen, die Haimchinkel Malintz Anaynikal stets predigt.

   1. Machen Sie Ihren Associates noch einmal deutlich klar, dass sie einem Vorgesetzten unverzüglich alles mitteilen, was ihnen ungewöhnlich erscheint. Wir werden nie wegen eines falschen Alarms einen Aufstand machen.

[+] Derber Kraftausdruck aus dem Jiddischen, der unter anderem so viel wie »Depp, Idiot« bedeutet (A.d.Ü.).

2. Achten Sie darauf, dass Sie nicht eingebildet und übermütig werden.
3. Beobachten Sie die Mitarbeiter, die Telefonanrufe entgegennehmen. Sind sie höflich am Telefon?
4. Rufen Sie alle Anrufer schnellstmöglich zurück.
5. Wachen Sie mit Argusaugen über die Ausgaben. Jetzt ist der Zeitpunkt, um den Gürtel enger zu schnallen! Der Rest der Welt wartet damit, bis das Geschäft nachlässt. Mit Ihrer Hilfe werden wir anders, klüger und reicher sein.
6. Senken Sie die Kosten.
7. Reduzieren Sie die Ausgaben
8. Geben Sie nicht unüberlegt Geld aus. Jeder eingesparte Dollar fließt direkt in unseren Gewinn.

Memo

An: Managing & Associate Directors

Von: Alan C. Greenberg

Datum: 9. Dezember 1986

CC:

Betreff: Wie man reicher wird

Unser Wachstum setzt sich ungehindert fort. Das ist eine wahre Freude, aber ich befürchte, dass es zu einigen Nachlässigkeiten kommt, wenn man so beschäftigt ist. Nachfolgend nenne ich Ihnen drei Beispiele:

1. In bestimmten Bereichen werden Telefonanrufe nicht zügig beantwortet. Stellen Sie mehr Leute ein! Und anschließend erklären Sie ihnen, wie wichtig es ist, dass sie jeden Anrufer höflich und aufmerksam behandeln.
2. Es wird Ihnen schwer fallen, das zu glauben, aber es ist wahr. Gestern rief ich den Leiter einer unserer größten Bereiche an, und obwohl er im Haus war, konnte ihn seine Sekretärin nicht finden! Ich weiß, dass ich mit dieser Behauptung meine Glaubwürdigkeit bei Ihnen auf die Probe stelle, aber so war es. Sie wissen ganz genau, dass dies eine von Haimchinkel Malintz Anaynikals Kardinalregeln verletzt. Ich hoffe, HMA* erfährt nichts von diesem Vorfall.
3. Ich berichte Ihnen auch nur höchst ungern, dass ich sah, wie jemand einen benutzten Umschlag wegwarf, bevor er 22 Büroumläufe absolviert hatte. Ich kann es nicht ertragen mitzuerleben, wenn Menschen Geld verbrennen. Gott sei Dank habe ich niemanden dabei ertappt, wie er Gummibänder** oder Büroklammern weggeworfen hat. Die Geldverbrennung wirkt sich direkt auf unseren Gewinn aus, und Ihr Vorstand wird hauptsächlich nach einer Statistik beurteilt – dem Gewinn.

---

* Dies ist ein cleverer Code für Haimchinkel Malintz Anaynikal.
** Gummibänder können sogar dann noch verwendet werden, wenn sie reißen. Nehmen Sie die Enden und binden Sie sie zu einem quadratischen Knoten. Wenn Sie nicht wissen, wie das geht, dann rufen Sie Bobby Steinberg an. Er hat eine jugendliche Pfadfindergruppe, die nur aus seinen Söhnen besteht.

Memo

An: Managing Directors & Associate Directors

Von: Alan C. Greenberg

Datum: 5. Februar 1987

CC:

Betreff:

Nie bin ich optimistischer über die Zukunft von Bear Stearns gewesen als zurzeit. Unser drittes Quartal ist vorbei, und da wir ein börsennotiertes Unternehmen sind, darf ich nur sehr wenig darüber sagen, aber ich denke, jeder, der hier arbeitet, kann unser Ergebnis einschätzen. Die Zahlen* werden Ende Februar veröffentlicht werden.

Das ist aber nur ein Grund für meinen Optimismus. Mir ist vollkommen klar geworden, dass mehrere unserer Abteilungen trotz der Tatsache, dass sie nicht wirklich auf »ebenem Gelände« gekämpft haben, in den letzten Jahren profitabel gewesen sind. Bestimmte Wettbewerber hatten große Vorteile uns gegenüber, aber die neuesten Ereignisse verdeutlichen, dass dieses Ungleichgewicht seinem Ende entgegengeht. Ich beglückwünsche die entsprechenden Abteilungen für ihre gute Arbeit, die sie im Kampf gegen unethische Wettbewerber geleistet haben.

Das sind die guten Nachrichten. Die schlechte Nachricht lautet, dass es uns so gut geht, dass ich sicher bin, dass wir unbewusst selbstgefällig werden. Es ist die Aufgabe des Vorstands, wieder einmal die Basics zu betonen, die Haimchinkel Malintz Anaynikal predigt. Sie sollten sie inzwischen kennen, und falls das nicht der Fall ist, dann sind Sie im falschen Unternehmen. Aufgrund der immensen Aktivität in allen Phasen unseres Geschäfts, werden sich alle Bauernfänger auf die Wertpapierbranche stürzen. Bleiben Sie wachsam! Und machen Sie Ihren Associates noch einmal mit allem Nachdruck klar, dass sie alle ungewöhnlichen Vorkommnisse melden, egal wie trivial sie erscheinen mögen.

---

* Egal wie die Zahlen aussehen, wären sie noch besser, wenn meine Associates meine Memos über Ausgaben immer wieder lesen würden. Aber seitdem unsere Aktie auf über 20 geklettert ist, hört mir niemand mehr zu.

Memo

An: Managing & Associate Directors

Von: Alan C. Greenberg

Datum: 9. März 1987

CC:

Betreff:

Es ist offiziell. Wir haben einen Mietvertrag unterschrieben und ziehen in die Park Avenue/46. Straße um. Ich hoffe, dass Sie sich alle genauso über diesen Umzug freuen wie der Vorstand. Nach unserer Auffassung eröffnet uns dieser Umzug völlig neue Wachstumsdimensionen.

Ich möchte die Gelegenheit nutzen, um Ihnen zu versichern, dass sich unsere grundlegende Kultur nicht verändern wird. Auch wenn wir mehr Platz und mehr Mitarbeiter haben werden, werden wir ganz sicher keine weiteren Managementebenen einziehen. Unser Gewinn vor Steuern betrug für die ersten neun Monate dieses Jahres 26,6% und ist der höchste der gesamten Branche. Ich bedaure, Ihnen mitteilen zu müssen, dass die Kapitalrendite im selben Zeitraum bei 25% lag und damit in der Branche nur an zweiter Stelle rangiert. Dieses Ranking unserer Kapitalrendite ist für mich und besonders für Haimchinkel Malintz Anaynikal eine Enttäuschung. Offensichtlich machen wir irgendetwas falsch. Lassen Sie uns gemeinsam etwas dagegen tun.

Die einzige Statistik, über die ich mir Gedanken mache, ist unsere Kapitalrendite. Nach zahlreichen Sitzungen mit einigen unserer Business-School-Absolventen (ja, wir haben ein paar), glaube ich, dass sie mir geholfen haben, das Geheimnis zu verstehen, wie sich unsere Kapitalrendite verbessern lässt. Es sieht so aus, als würde sie steigen, wenn wir unsere Umsätze steigern und unsere Ausgaben senken – und das ist es, was mich glücklich macht. Bitte machen Sie mich glücklich! Ich kann sehr unangenehm werden, wenn ich nicht glücklich bin.

Memo

An: Alle Mitarbeiter

Von: Alan C. Greenberg

Datum: 30. April 1987

CC:

Betreff: Verhalten am Telefon

Diese Dame muss einige unserer Memos gelesen haben. Bitte lesen Sie, was sie zu sagen hat, und lassen Sie uns versuchen, ihre Worte in jedem Winkel von Bear Stearns zu beherzigen.

»Telefonärztin« hat ein wirksames Rezept gegen rüdes Verhalten am Telefon

von Cindy Richards

Das Staatsdefizit, das internationale Handelsbilanzdefizit und der instabile Aktienmarkt mögen die Schlagzeilen bestimmen, aber, so Nancy Friedman, das größte Problem, mit dem Unternehmen heute konfrontiert sind, sind rüde Manieren.

»Der Verkaufsabteilung blutet das Herz, wenn Menschen schlecht behandelt werden«, sagt Friedman, die sich selbst als »Telefonärztin« bezeichnet.

In bundesweiten Unternehmensseminaren bringt Friedman den Mitarbeitern höfliches Verhalten am Telefon bei.

»Ich glaube nicht, dass wir irgendjemandem irgendetwas bahnbrechend Neues zeigen«, sagte Friedman letzte Woche in einem Telefoninterview. Aber, so Friedman, dass Mitarbeiter wüssten, wie sie Anrufer zu behandeln hätten, heiße noch lange nicht, dass sie sich auch daran hielten.

Nehmen Sie zum Beispiel den »Emotionstransfer«. Das geschieht, wenn der Mitarbeiter sich über irgendetwas geärgert hat und seinen Ärger am Anrufer auslässt. Bevor Sie einen Anruf missgelaunt entgegennehmen, ist es besser, das Telefon vor dem Abheben einige Male läuten zu lassen, rät Friedman – so lange, bis Sie sich zu einem Lächeln durchringen können. »Selbst ein falsches Lächeln ist besser als ein echtes Stirnrunzeln«, betont Friedman energisch.

Und dann gibt es noch Friedmans »fünf verbotene Sätze.«

»Das weiß ich nicht.« Es sollte ersetzt werden durch »Lassen Sie mich das prüfen.«

»Das geht nicht.« Sagen Sie dem Anrufer, was geht und was Sie tun können.

»Sie müssen …« Der Anrufer muss ganz gewiss nichts, vor allem nicht in der Warteschleife hängen. Stattdessen könnten Sie sagen, »Es wäre gut, wenn Sie ….«

»Bleiben Sie kurz dran, ich bin gleich zurück.« Das ist eine Lüge und sollte ersetzt werden durch »Ich muss Sie kurz in die Warteschleife versetzen, wenn Sie so lange warten können.«

»Nein.« So sollte ein Satz nie begonnen werden. Damit schneiden Sie jemandem von vorneherein das Wort ab.

Für Friedman ist das höfliche Verhalten am Telefon nicht nur ein Geschäft, sondern vielmehr ein Kreuzzug. In ihrem eifrigen Bemühen, den rüden Umgangston am Telefon auszumerzen, bietet sie kostenlose Kärtchen mit der Aufschrift »Telefonverstoß« und »vorbildliches Telefonverhalten«.

Diese Kärtchen werden an Vorgesetzte von Mitarbeitern versendet, die ermahnt oder gelobt werden sollen. Erhältlich sind sie über eine schriftliche Bestellung an Telephone Doctor, P.O. Box 777, St. Louis, Mo. 63044.

(Aus der Chicago Sun-Times)

Memo

An: Managing Directors & Associate Directors

Von: Alan C. Greenberg

Datum: 26. Mai 1987

CC:

Betreff:

Die Titelstory im Time Magazine von letzter Woche handelte von Ethik. Das Meiste davon war Unsinn, aber das Magazin hatte Recht mit der Aussage, eines der größten Probleme bei der Aufdeckung von Betrügereien beziehungsweise »Missetätern« in Unternehmen, sei die Angst der Mitarbeiter davor, den Stein ins Rollen zu bringen, indem sie unethisches Verhalten und verdächtige Handlungen melden.

Ich denke, dass es wieder einmal Zeit ist zu betonen, dass wir alle unsere Leute für ehrliche Menschen halten, und sie sind noch ehrlicher, wenn sie (inklusive der Mitglieder des Vorstands) wissen, dass jeder im Unternehmen sie mit Argusaugen beobachtet. Wie Sie wissen, belohnen wir Mitarbeiter sogar mit einem Bonus in Form von Bargeld, wenn sich ein gemeldeter Verdacht als begründet erweist.

Lassen Sie uns unseren Associates noch einmal klar machen, dass sie unsere vorderste Verteidigungsfront gegen Betrug und Verschwendung sind. Wir brauchen ihre Kooperation, um eine reine Weste zu behalten, und wir werden sie belohnen, wenn sie Unregelmäßigkeiten melden. Und wir werden niemals jemanden dafür kritisieren, dass er zu oft »Wolf« gerufen hat.

Wir sind anders als andere Unternehmen. Und wir wollen es bleiben.

Memo

An: Managing Directors & Associate Directors

Von: Alan C. Greenberg

Datum: 18. Juni 1987

CC:

Betreff:

Je mehr Sie über die Probleme unserer Wettbewerber lesen, desto mehr erkennen Sie, welch gute Arbeit unsere Leute im April geleistet haben.

Die Medien verhalten sich konsistent. Sie scheinen nur die negativen Nachrichten über Bear Stearns zu drucken. Wir haben den Zeitungen unseren Ertrag für das Jahr und das Quartal, das am 30. April 1987 endete, gemeldet und in unserer Pressemitteilung erklärt, dass der Monat April zwar sehr volatil gewesen ist, aber dass unsere Zahlen gut sind.

Es ist schwer, ruhig zu bleiben, wenn man sieht, wie sich unsere Aktie verhält, aber ich kann Ihnen versichern, dass unser Bewertungs-Multiple dramatisch ansteigen wird, wenn unser Erfolg anhält. Meine Garantie mag zwar nicht viel bedeuten, aber Haimchinkel Malintz Anaynikal stimmt mir zu, und das bedeutet allerdings etwas.

Wenn wir auch weiterhin 50% Gewinn (vor Steuern) auf unser Kapital erzielen, werden wir Anerkennung von einigen MBAs erfahren, und dann steigt das Multiple unserer Aktien vielleicht sogar auf neun.

Wir stehen ausgezeichnet da! Machen Sie weiter so und überlassen Sie mir die Pflege des Aktienkurses.

Memo

An: Alle Managing Directors

Von: Vorstand

Datum: 13. Juli 1987

CC:

Betreff: Kostenkontrolle und Gesamteffizienz

Vor kurzem hat Bear Stearns ein Rekordjahr verkündet – eine Periode, in der einige der Schwergewichte unserer Branche in bestimmten Bereichen Probleme hatten, die ihre G&V-Rechnung beeinträchtigt haben. Bis zu einem gewissen Grad steht es uns zu, stolz auf unsere Leistung zu sein, aber selbstverständlich ohne in Selbstzufriedenheit zu schwelgen.

Da unser Ertrags-Kosten-Verhältnis einen ziemlich zufriedenstellenden Eindruck macht, ist es Zeit, einzuhalten und sich Folgendes in Erinnerung zu rufen:

1. Wir sind sehr schnell expandiert; allein im Fiskaljahr 1987 haben wir zusätzliche 800 Mitarbeiter eingestellt.
2. Der Umzug in das Gebäude 245 Park Avenue wird unsere Fixkosten erheblich steigern.
3. Unsere Branche ist zyklisch, und wir befinden uns mitten im längsten Bullenmarkt der Geschichte.
4. Ein scharfer Abwärtstrend könnte schmerzhaft sein, wenn wir nicht schlank und wendig sind.
5. Viele von uns werden hauptsächlich über Boni bezahlt, und
6. mit der Expansion und steigendem Wohlstand setzt sich unweigerlich Speck an.

Folglich wollen wir, dass alle Managing Directors damit beginnen, ihre Bereiche kritisch unter die Lupe zu nehmen. Hier ist eine Liste mit einigen Dingen, die Sie überprüfen sollten:

A. Ihre Belegschaft

1. Wer ist nicht produktiv genug?
2. Wer sollte ersetzt werden?
3. Wer sollte entlassen und nicht ersetzt werden?
4. Bevor Sie irgendjemanden neu einstellen, fragen Sie sich, ob Ihre bestehenden Mitarbeiter zusätzliche Aufgaben übernehmen können.
5. Haben Sie Mitarbeiter, die dieselbe Funktion wie Mitarbeiter anderer Abteilungen ausüben, wie zum Beispiel Buchhaltung und Datenverarbeitung?

B. Andere Dinge, auf die geachtet werden sollte und die uns schlank und kosteneffizient halten

1. Zahlen Sie für ungenutzte oder unwirtschaftliche Nachrichten- oder Börsenkursdienste?
2. Zahlen Sie für externe Lieferanten von Dienstleistungen oder Materialien, die nicht wirklich gebraucht werden oder eine Doppellieferung bereits im Haus vorhandener Dinge darstellen?
3. Haben Sie zu viele Telefone und nicht ausgelastete Festnetzlinien?
4. Kontrollieren Sie Dinge wie Federal-Express-Kurierdienste und private Ferngespräche?
5. Wiederholen Sie und Ihre Associates täglich die Lektüre meiner wichtigen Memos über das Recycling von Gummibändern, Büroklammern und Umschlägen? (Ich habe den Eindruck, dass die Beachtung dieser Memos der Hauptgrund für unseren großen Erfolg im letzten Jahr war).

Bear Stearns wächst und gedeiht, weil fähige, aggressive, geldorientierte Menschen hart gearbeitet haben, weil ihnen große Verantwortung übertragen wurde, sie ihr Geschäft und *sich gegenseitig* aufmerksam beobachtet haben. Aber die größte Herausforderung steht uns noch bevor – begeben Sie sich *jetzt* in die Startlöcher.

Wenn Sie das nicht tun, dann müssen wir das für Sie tun, und das wird weniger angenehm und weniger effizient sein. Dieser Ort wird nicht nach Bürokratie riechen – Bürokratien stellen keine Rekorde auf. Uns gehören 60% dieses Betriebs; wir wollen ihn solide führen und wachsen lassen. Unsere Vergütung hängt von der Profitabilität des Unternehmens ab. Außerdem bin ich frisch verheiratet und habe überhaupt keine Lust auf eine Senkung meiner Bezüge. Egal wie Ihre eigene Erfahrung aussieht, ich stelle fest, dass zwei Menschen nie so billig leben können wie einer alleine.

Memo

An: Managing Directors & Associate Directors

Von: Alan C. Greenberg

Datum: 21. August 1987

CC:

Betreff:

Bear Stearns *hat keinen Einstellungsstopp.* Nach unserer Erfahrung sind schwierige Zeiten der ideale Zeitpunkt zur Einstellung produktiver Mitarbeiter. Einige Bereiche der Wall Street haben gerade Probleme, und das bedeutet, dass die Gelegenheit günstig ist. Lassen Sie uns alle wachsam sein und unser Unternehmen weiter ausbauen!

Ich möchte Ihnen hier aber mitteilen, dass ein Ausgaben- und Nachlässigkeitsstopp verhängt wird. Wir werfen wahrscheinlich jedes Jahr Millionen mit Dummheiten und Nachlässigkeiten weg. Tatsächlich habe ich in den letzten drei Wochen mehr Nachlässigkeit erlebt, als in den vorhergehenden sechs Monaten. Stoppen Sie das unverzüglich. Kein Unternehmen ist stark genug, um anhaltende Dummheit zu verkraften.

Haimchinkel Malintz Anaynikal ist wirklich eine Marke. Werfen Sie nur einen Blick auf mein Memo vom 13. Juni 1987 und sehen Sie wieder einmal, wie Recht er hat. Er hasst Nachlässigkeit noch mehr als ich. Tatsächlich wies er mich darauf hin, wo unser Aktienkurs stehen könnte, wenn wir unseren Laden sauber und ordentlich halten würden. Ich bin es leid, immer zu putzen. Weg mit dem »A-a«. Der nächste Associate, der etwas macht, das »pfui« ist, wird eine kleine Unterredung mit mir haben, und dann werde ich nicht der charmante, freundliche, verständnisvolle, sympathische, unterhaltsame, joviale Bauerntrampel aus Oklahoma sein.

Memo

BEAR STEARNS

An: Managing Directors & Associate Directors

Von: Alan C. Greenberg

Datum: 16. Oktober 1987

CC:

Betreff:

Über die Jahre hat Haimchinkel Malintz Anaynikal immer wieder Folgendes betont:

1. Stellen Sie PSDs* ein.
2. Treffen Sie Entscheidungen, die auf gesundem Menschenverstand basieren, und vermeiden Sie eine Herdenmentalität.
3. Kontrollieren Sie die Ausgaben mit unermüdlicher Strenge, denn sobald Sie sich auch nur für einen Moment umdrehen, werden sie ins Kraut schießen.
4. Helfen Sie allen Abteilungen dabei zu wachsen, weil der »Star« dieses Jahres der »Poor Dog« im nächsten sein kann.
5. Hüten Sie sich vor Schlagwörtern, wie zum Beispiel »Merchant Banking.« Haimchinkel Malintz Anaynikal wusste, dass mir nicht klar war, was das eigentlich ist, und so hat er es für mich definiert.
»Merchant Banking ist, wenn man Anteile an einem Unternehmen erwirbt, dessen Aktien nicht an der Börse gehandelt werden, und das Unternehmen in einem Geschäftsfeld aktiv ist, von dem Sie nichts verstehen.« Stellen Sie sich vor, dass ich die ganze Zeit gedacht habe, Merchant Banking sei irgend so ein esoterisches, kompliziertes britisches Geheimnis.

Haimchinkel Malintz Anaynikals Leitsätze mögen grob vereinfachend klingen, aber warum probieren wir sie nicht einmal aus?

---

* Für alle diejenigen, die neu bei Bear Stearns sind: PSD steht für »poor, smart, deep desire to become rich.« Bitte lassen Sie sich davon nicht zu der Annahme verführen, Haimchinkel Malintz Anaynikal habe Vorurteile gegenüber Menschen, die über andere beinahe wertlose Diplome verfügen. Weder hegt er selbst solche Vorurteile noch lehrt er sie anderen.

Memo

An: Managing Directors & Associate Directors

Von: Alan C. Greenberg

Datum: 19. Oktober 1987

CC:

Betreff:

Es ist erstaunlich, wie sich die Geschichte wiederholt. Der Aktien- und Anleihemarkt ist steil eingebrochen, aber ich bin weit davon entfernt, in Depressionen zu versinken. Warum? Weil wir wieder einmal großartige Chancen in allen Bereichen entdecken und auch in Zukunft entdecken werden, insbesondere auf dem Gebiet der Personalsuche. Ich kann Ihnen versichern, dass wir derzeit alle Hinweise verfolgen.

In Kürze beginnt unser Umzug in die Park Avenue, und ich glaube ernsthaft, dass der Zeitpunkt dafür perfekt ist. Erinnern Sie sich daran, dass es nur wenige Jahre her ist, dass zwei unserer Wettbewerber aus dem Clearing-Geschäft ausgestiegen sind. Vor elf Monaten haben mehrere große Unternehmen ihre Arbitrage-Abteilungen* geschlossen. Wir werden die *Gewinner* sein!

Ein Markt wie dieser fördert das Schlechteste in den Menschen zutage. Das angehängte niederträchtige Gerücht wurde letzte Woche den Medien zugespielt. Ihr Vorstand wusste sofort, dass es falsch war, weil Haimchinkel Malintz Anaynikal mit Sicherheit große Mengen an Gummibändern und alten Umschlägen in seinem Vermögen hinterlassen hätte. Schnelles Kombinieren und eine Logik wie diese sind die Eigenschaften Ihrer Unternehmensführer, die für den Erfolg unserer Firma sorgen.

---

* Ich wünschte, unsere Arbitrage-Abteilung hätte vor zwei Wochen ihre Pforten für einen zweiwöchigen Herbsturlaub geschlossen.

Haimchinkel Malintz Anaynikal stirbt an akuter Überbeanspruchung

New York, N.Y. – Mr. Haimchinkel Malintz Anaynikal ist letzte Nacht gestorben. Er wurde Opfer einer akuten Überbeanspruchung.

Der umstrittene Berater von Bear Stearns hinterlässt eine Ex-Frau, von der er am Tag nach seiner Hochzeit vor dreißig Jahren gleich wieder geschieden wurde. »Dieser Geizkragen wollte doch tatsächlich, dass ich die Hälfte der Hotelrechnung für unsere Flitterwochen bezahle«, klagte sie.

Mr. Anaynikal hinterlässt ein Vermögen, bestehend aus 5.475.000 Büroklammern und einem riesigen Bindfadenknäuel, die zusammen beinahe das gesamte Schlafzimmer seines kargen Dachappartements ausfüllten.

Bear Stearns Chairman Alan »Ace« Greenberg nahm als einziger Sargträger und Trauergast an der Beisetzung teil. Unter unkontrolliertem Schluchzen brachte Mr. Greenberg nur die folgenden Worte hervor: »Ich kann einfach nicht glauben, dass Haimchinkel tot ist. Was wird jetzt nur aus mir? Ich weiß nicht, wie ich ohne ihn weiterleben soll.«

Memo

An: Alle Registered Representatives

Von: Alan C. Greenberg

Datum: 3. November 1987

CC:

Betreff:

Als Anlage sende ich Ihnen ein Memo, das mir Kathryn Estey aus unserem Büro in Chicago gesendet hat. Es wurde von mir diktiert und im Juli 1984 verteilt. Wenn Sie es lesen, werden Sie erkennen, wie sich die Zeiten verändert haben. Das Einzige, was sich nicht geändert hat, ist der Service, den alle Registered Representatives hoffentlich von allen anderen Mitarbeitern bekommen.

Die letzte Zeit war hart für die Abteilung Operations, aber die Lage normalisiert sich gerade, und ich möchte nach wie vor, dass Sie mich unverzüglich anrufen, wenn Sie das Gefühl haben, Sie erhielten keine Triple-A-Behandlung.

Wir haben eine schwierige Phase durchgemacht, aber glauben Sie mir, unser Unternehmen ist mit Hinblick auf unsere Mitarbeiter heute stärker als vor neun Monaten, und wir wachsen nach wie vor.

Memo

BEAR STEARNS

An: Managing Directors

Von: Alan C. Greenberg

Datum: 16. November 1987

CC:

Betreff:

Unser zweites Quartal ist gerade zu Ende gegangen, und die
Ergebnisse sind rekordverdächtig. Der Oktober wird niemals
bei irgendjemandem von uns oder den Historikern in Verges-
senheit geraten.

Der Druck war für alle, die in irgendeiner Form mit Wertpapieren zu tun haben, immens hoch, und in beinahe allen Fällen
waren unsere Leute sehr erfolgreich. Ich würde gerne jedem
Einzelnen danken, das ist jedoch nicht möglich. Aber Sie
können das für mich tun. Bitte lassen Sie alle Ihre Mitarbeiter
wissen, wie dankbar ich ihnen bin.

Die Firma hat den Sturm beinahe unbeschadet überstanden,
aber unsere Aktionäre wurden nicht nur von dem schweren
Einbruch des Aktienmarkts um 32%, sondern auch von der
Absage des Jardine-Börsengangs getroffen. Das war eine dop-
pelte Enttäuschung. Es ist unsere Aufgabe, den Oktober im
Rückblick wie ein Glück im Unglück für Bear Stearns aussehen
zu lassen. Ich weiß, dass das als eine schwere Aufgabe erscheint, aber wir sind dabei, die Schritte zu unternehmen, die
das möglich machen. *Wir werden es schaffen!*

Die Jardine-Absage hat mich auf unterschiedliche Weise getroffen. Haimchinkel Malintz Anaynikal empfahl mir – und ich war
damit einverstanden –, meinen Unterricht in Moorhuhnjagd an
den Nagel zu hängen. Das war einfach nichts für mich. Ich
habe eine Unterrichtsstunde genommen, und das Einzige, was
ich gelernt habe, war, dass der Plural von Moorhuhn Moorhüh-
ner heißt. Haimchinkel Malintz Anaynikal konnte nicht erkennen, auf welche Weise dieses Wissen meiner Karriere dienlich
sein könnte.

Memo

An: Managing Directors & Associate Directors

Von: Alan C. Greenberg

Datum: 24. November 1987

CC:

Betreff:

Der Umzug der Niederlassung in New York hat begonnen!

Wenn Sie die Räumlichkeiten der 245 Park Avenue noch nicht
gesehen haben, dann bereiten Sie sich auf eine Überraschung
vor. Die Abteilungen Corporate Finance und M&A haben in
Park Avenue/46. Straße bereits ihre Arbeit aufgenommen.
Der Rest von uns wird in Kürze umziehen, und ich bin fest
davon überzeugt, dass der Zeitpunkt perfekt gewählt ist.

Die Zeitungen waren angefüllt mit Nachrichten über Entlassun-
gen in allen Bereichen unserer Branche, und es wird noch mehr
Aderlass geben, wenn E. F. Hutton von einer anderen Wall-
Street-Firma übernommen wird. Wir haben jetzt den Platz und
den Appetit, um neue Leute zu engagieren, vorausgesetzt sie
verfügen über außerordentliche Kompetenz. Unser neuer Stand-
ort macht uns als Arbeitgeber noch attraktiver.

Warum stellen wir ein anstatt zu entlassen? Vielleicht, weil wir
den Lehren Haimchinkel Malintz Anaynikals gefolgt sind, obwohl wir dafür verspottet wurden. Anstatt das Schicksal heraus-
zufordern, hat Ihr Vorstand beschlossen, auch Haimchinkel Malintz Anaynikals neueste Empfehlung zu befolgen. Aufgrund
unseres vergangenen und antizipierten Wachstums haben wir
uns widerwillig dazu durchgerungen, einige moderne Manage-
menttechniken zu übernehmen, die uns Haimchinkel Malintz
Anaynikal ans Herz legte.

In Kürze werden wir eine Gruppe bilden, die sich ausschließlich
der *Rückwärtsplanung* widmet. Das mag einige von Ihnen überraschen, aber wenn Sie näher hinsehen, werden Sie die Logik
hinter diesem Schritt entdecken. Untersuchen Sie nur einmal

die Geschichte der Unternehmen, deren Personal sich auf strategische oder Vorwärtsplanung konzentrierte und Sie werden unser frühzeitiges Eintauchen in eine strukturiertere Unternehmensumgebung ergründen.

Die Zusammenstellung dieses Teams ist noch nicht abgeschlossen, aber solche Dinge wie Anrufer nicht zurückzurufen, eine Sekretärin zu beschäftigen, die Anrufe mit dem Enthusiasmus einer aufgeweichten Makkaroni beantwortet, zu spät zu Kundenmeetings zu kommen und nicht »sauber und ordentlich« zu sein, sind gewiss Eigenschaften, die wir bei einem Kandidaten für den Rückwärtsplanungsausschuss dringend suchen.

Memo

An: Alle Directors von Bear Stearns
Managing Directors & Associate Directors

Von: Alan C. Greenberg

Datum: 3. Februar 1988

CC:

Betreff:

Unser Umzug in die Park Avenue ist beinahe abgeschlossen. Was mich betrifft, verlief er traumhaft, und der erste Monat (Januar) war eine wahre Freude.

Wenn Januar irgendein Indiz für die Zukunft sein sollte, werden wir echten Spaß haben.

In unserer Branche werden Unternehmen weiterhin von internen Problemen* erschüttert, wobei wir von diesem Gift verschont bleiben. Eine der Hauptaufgaben Ihres Vorstands besteht darin, dafür zu sorgen, dass das so bleibt. Das Unternehmen reitet auf einer Erfolgswelle, und jeder, der hier arbeitet, kann das spüren. (Wir heuern, die anderen feuern.) Haimchinkel Malintz Anaynikal hat uns noch einmal gewarnt, dass die einzigen Dinge, die unsere Dynamik jetzt stoppen können, interne Zwietracht, Dünkel und Selbstgefälligkeit sind. Wir werden nicht zulassen, dass das bei Bear Stearns passiert! Wir haben es zu weit gebracht, als dass wir so dumm sein würden.

Alle leisten Großartiges. Machen Sie weiter so und machen Sie mich reicher.

---

* Soeben wurde bekannt, dass einige prominente Leute aus dem Bereich M&A aufgrund von Differenzen über die strategische Planung ihr Unternehmen verlassen haben. Das könnte bei Bear Stearns nie passieren, weil wir keine strategische Planung haben. Wieder einmal erweist sich Haimchinkel Malintz Anaynikal als ein cleverer Bursche. Erinnern Sie sich an sein Axiom 1023? »Die Menge an Meinungsverschiedenheiten steigt geometrisch mit der Menge an Themen, über die Sie philosophieren müssen.«

An: Alle Senior Managing Directors, Managing Directors
        und Associate Directors

Von: Alan C. Greenberg

Datum: 12. April 1988

CC:

Betreff:

In zwei Wochen endet unser Fiskaljahr, aber ich kann Ihnen
versichern, dass wir es in Erinnerung behalten werden.

Es war ein Jahr, das uns erkennen ließ, wie fragil die Märkte
sein können, und dass man stets wachsam sein muss.

Das Jahr zeigte uns auch, wie teuer Gerichtsprozesse sein
können, auch wenn wir Recht haben! Wie lautet die Antwort?
Wir müssen vorsichtig und misstrauisch sein und unsere Com-
pliance- und Internal-Administration-Experten respektieren.
An keinem Trade oder Deal lässt sich so viel verdienen, dass
sich die juristischen Auseinandersetzungen als Folge von Nachlässigkeit oder Gier rechtfertigen ließen.

Die positiven Aspekte des letzten Jahres waren zahlreich.
Wir bewiesen eine beachtliche Standfestigkeit und zeigten, dass
wir dazu fähig sind, das Ruder unter Druck herumzureißen.
Jede Abteilung nutzte den 19. Oktober 1987 als Chance, Topleute einzustellen. Wir sind die einzige Investmentbank, die ich
kenne, die einstellt und nicht ausstellt (jetzt 6.038 Mitarbeiter
gegenüber 5.715 Mitarbeitern vor einem Jahr). Das hat die
Moral unserer Associates auf ein Allzeithoch angehoben. Das
Jahr hat außerdem unsere enorme Ertragskraft gezeigt, selbst
bei einem Rekordeinbruch des Marktes.

Eine traurige Mitteilung muss ich Ihnen machen. Haimchinkel
Malintz Anaynikal wird nicht mehr länger regelmäßig als Berater für uns arbeiten. Nachdem ich ihn zehn Jahre lang bedrängt
habe, ist er einfach müde. Aber wir werden nicht ganz auf uns
allein gestellt sein. Er wird uns noch bei besonderen Problemen

zur Seite stehen, und wir werden mit seinem Neffen, Itzhak Nanook* Pumpernickanaylian über die prosaischen Dinge des Geschäfts sprechen können.

Im Großen und Ganzen bin ich nie optimistischer über unsere Zukunft gewesen und habe mich nie mehr gefreut, morgens zur Arbeit zu kommen, als zurzeit. Ich hoffe, Ihnen geht es genauso.

---

* Vergessen Sie nicht, dass Haimchinkel Malintz Anaynikals Mutter eine Eskimo war.

Memo

An: Alle Mitarbeiter

Von: Alan C. Greenberg

Datum: 15. April 1988

CC:

Betreff:

Itzhak Nanook Pumpernickanaylian hat sich zur Schlacht gerüstet und hat seine erste brillante Idee abgeliefert.

Auf einer Runde durch unser neues Gebäude (er auf einem Kamel), machte er mich darauf aufmerksam, dass sich 2.600 unzustellbare Postsendungen in einem Raum der 245 Park Avenue stapeln. Warum ist das so? Diese Postsendungen, von denen einige vielleicht sehr wichtig sind, kamen zu uns zurück, weil die Empfängeradresse falsch war und die genauen Absenderinformationen in der oberen linken Ecke des Umschlags fehlten. Es ist uns nicht gelungen, die Absender ausfindig zu machen. Wir haben Sherlock Schwartz engagiert, aber dieser Fall ist selbst für ihn zu schwer.

Ab heute gilt eine neue Politik. Eigentlich hätten wir sie schon in den letzten zehn Jahren verfolgen sollen. Keine Postsendung verlässt Bear Stearns ohne die genauen Absenderinformationen in der linken oberen Ecke eines jeden Umschlags. Das spart uns Zeit, Geld und Ärger. Wenn Sie zu beschäftigt sind, um diese Informationen auf den Umschlag zu schreiben, rufen Sie mich bitte an. Ich werde gerne herunterkommen und dafür sorgen, dass Ihre Post die richtige Identifizierung trägt.

1988–1991

Oktober 1987 war ein harter Monat, aber die folgenden dreieinhalb Jahre stellten die Überlebensfähigkeit des Unternehmens im Wertpapiergeschäft wirklich auf eine harte Probe. Vier bekannte Firmen (L. F. Rothschild, Drexel Burnham Lambert, Thomson McKinnon und E. F. Hutton) verschwanden vom Markt und vier ebenso prominente Unternehmen wären ihnen gefolgt, wenn ihre Muttergesellschaften ihnen nicht mit 3,5 Milliarden Dollar zu Hilfe geeilt wären. Dreieinhalb Milliarden Dollar – das ist eine schwindelerregende Summe.

Während dieser Zeit war Bear Stearns unvermindert erfolgreich, und wir glauben, dass unsere Position in unserer Geschichte noch nie so stark gewesen ist wie jetzt – finanziell stark und auch stark in allen anderen Wettbewerbsbereichen.

Wie ist es uns gelungen, einigen Abenteuern zu widerstehen, auf die sich unsere Wettbewerber einließen und die uns erhebliche Marktanteile kosteten? Wie gelang es uns, unsere Associates zu halten, als Transaktionen, die sie vorbereitet hatten, an andere Firmen gingen, die zu Risiken bereit waren, die wir nicht eingehen wollten? Wie und warum konnten wir der Zwischenkredit-Manie widerstehen? Es war nicht leicht. Gelegentlich wurden wir von unseren eigenen Leuten in Frage gestellt, die vermuteten, wir hätten den Realitätsbezug verloren. Und gelegentlich zweifelten wir selbst sogar an den Prinzipien, an denen wir so hartnäckig festhielten. Vielleicht können Ihnen diese Memos einige Erkenntnisse darüber liefern, wie wir es fertig brachten, unser Gleichgewicht zu halten und damit unsere Positionierung in der Branche erheblich zu verbessern.

Wir alle von Bear Stearns freuen uns auf die Zukunft. Wir glauben, dass wir das Selbstvertrauen besitzen, um in der Finanzwelt noch viel mehr zu bewegen.

Memo

An: Alle Senior Managing Directors
Managing Directors und Associate Directors

Von: Allan C. Greenberg

Datum: 20. Juni 1988

CC:

Betreff:

Itzhak Nanook Pumpernickanaylian (seine Mutter ruft ihn Nookie*) hat angemerkt, unser neues Fiskaljahr beginne in einem Monat, der nicht gerade beeindruckend für unsere Branche laufe.

Nach meiner Einschätzung werden wir besser als die meisten unserer Wettbewerber abschneiden, aber das macht mich trotzdem nicht glücklich. Nookies einziger Rat bestand darin, dass er dringend an uns alle appellierte, noch härter zu arbeiten. In diesem Geschäft ändert sich die Wetterlage sehr schnell, und wenn wir in schwierigen Zeiten gut über die Runden kommen, werden wir Rekorde brechen, wenn sich der Markt erholt.

Nookie merkte außerdem an, »Je härter man arbeitet, desto mehr Glück hat man.« Dieser Satz ist weder neu noch auf seinem Mist gewachsen, aber er ist wahr und wir können alle Glück gebrauchen.

Kopf hoch – wir marschieren in die richtige Richtung.

---

* Haimchinkel Malintz Anaynikal versuchte Mrs. Pumpernickanaylian zu erklären, dass Nookie⁺ in gewissen Kreisen kein besonders schmeichelhafter Spitzname sei, mit der Konsequenz, dass sie ihren Sohn von da an Nofkee rief. Haimchinkel bat sie daraufhin, augenblicklich wieder zu Nookie zurückzukehren.
⁺ Vulgärausdruck für Geschlechtsverkehr (A.d.Ü.)

An: Senior Managing Directors,
Managing Directors, Associate Directors

Von: Alan C. Greenberg

Datum: 30. August 1988

CC:

Betreff:

Nookie sandte uns eine Nachricht, die vielleicht ein wenig trivial klingen mag, aber dennoch eine Wiederholung wert ist.

»Das Geschäft, in dem Sie aktiv sind, ist zurzeit einfach schwierig. Als Sie in diese Branche eintraten, wurden Sie vor ihrer Zyklizität gewarnt, aber Bullenmärkte verschleiern gerne die Realität. Sie befinden sich nun gerade in einer Phase, in der sich zeigt, wer wirklich Mumm in den Knochen hat.

Mrs. Haimchinkel Malintz Anaynikal empfiehlt:
Wenn es hart wird – auf Shoppingtour gehen!

Ein gewisser Vorstand von Bear Stearns empfiehlt:
Wenn es hart wird – Positionen glattstellen!

Meine Empfehlung lautet:
Wenn es hart wird, legen die Harten erst richtig los!

Sie haben keine andere Wahl, als meiner Empfehlung zu folgen. Wenn Sie das tun, werden Sie über Ihre kühnsten Träume hinaus belohnt werden, wenn sich der Markt wendet – und das wird er.

> Ihr Junior-Berater
> Itzhak Nanook
> Pumpernickanaylian«

Dem ist nicht viel hinzuzufügen. Wir werden zu den Überlebenden gehören, und die Leute, die bei uns geblieben sind, werden reich belohnt werden. Der nächste Bullenmarkt könnte jeden Tag beginnen, und dann werden die Starken immer noch da sein und den Spaß genießen.

Memo

An: Alle Senior Managing Directors

Von: Alan C. Greenberg

Datum: 4. Oktober 1988

CC:

Betreff: Nachricht von Itzhak Nanook Pumpernickanaylian

Haimchinkel Malintz Anaynikal gab am 3. Oktober ein Fami-
lientreffen. Dabei handelt es sich um eine Jahresfeier, an dem
der wichtigste aller Eskimofeiertage begangen wird (Sie denken daran, dass Haimchinkel Malintz Anaynikals Mutter eine
Eskimo war). Vor 82 Jahren wurde die Eskimo-Pie erfunden,
Sie können also verstehen, warum den Menschen im Norden
dieser Tag noch wichtiger ist als die Feier der Erfindung der
Harpune.*

Über Nookie wurde mir zugetragen, dass Haimchinkel Malintz
Anaynikal sehr optimistisch sei, was die Wall Street betrifft.
Warum? Weil er sagte, das ganz große Geld werde üblicher-
weise von denjenigen verdient, die gegen den Markttrend
handelten, und in diesem Augenblick ist unsere Branche am
Boden.

Wenn Sie zurückdenken, werden Sie feststellen, dass Ihre besten Schachzüge immer die gegen den Massentrend gewesen
sind. Ich glaube fest daran, dass jetzt der richtige Zeitpunkt ist,
um in das Wertpapiergeschäft einzusteigen – und nicht um aus-
zusteigen –, aber es liegt an uns, Anführer dieser Strategie zu
sein. Es ist keine leichte Aufgabe, guten Mutes zu sein, wenn
der Markt um 50% eingebrochen ist, aber er wird sich wenden,
und wir müssen und werden den Schwachen in unserem Unternehmen helfen, die jetzige Phase zu überstehen.

---

* Einige der jungen »Moes« (Kurzwort für Eskimos) lieben das Harpunenfest ganz
besonders, weil man dabei für 24 Stunden alles harpunieren darf, was einem über
den Weg läuft.

Es ist unsere Pflicht, unsere Leute davon abzuhalten zu glauben, das Gras sei woanders grüner. Es ist unsere Pflicht zu erkennen, wer Hilfe benötigt. Es ist unsere Pflicht zu betonen, dass das Handeln gegen den Markttrend ein intelligenter Kurs ist.

Unter dem Strich heißt das: Für Führungskompetenz gibt es keinen Ersatz. Jetzt ist der Zeitpunkt, um das zu demonstrieren, von dem ich weiß, dass wir es haben.

An: Senior Managing Directors, Managing Directors, Associate Directors

Von: Alan C. Greenberg

Datum: 26. Oktober 1988

CC:

Betreff:

Strom gibt es nicht umsonst! Für 98% der Leute, die bei Bear Stearns arbeiten, wird das eine Riesenüberraschung sein. Warum ich da so sicher bin? Nookie* machte eines Abends einen kleinen Rundgang durch das Bürogebäude und stellte fest, dass so viele Lichter und Geräte eingeschaltet waren, dass man mit dem Geld ein Jahr lang Bangladeshs komplette Stromrechnung begleichen könnte.

Den Geruch von brennendem Geld mochte ich noch nie, insbesondere, wenn es mein Geld ist. Die sorglose Verschwendung von Strom ist reinste Geldverbrennung. (Unsere jährliche Stromrechnung beläuft sich auf fünf Millionen).

Von heute an gibt es zwei revolutionäre neue Regeln. Machen Sie die Lichter aus, wenn Sie einen Raum verlassen, und schalten Sie alle Geräte ab, wenn Sie abends nach Hause gehen. Mit Konzentration, Hingabe und Muskelkoordination werden wir es schaffen! Nookie empfahl uns, einen Therapeuten zu engagieren, um unseren Associates dabei zu helfen, diese große berufliche Veränderung zu meistern, aber ich glaube, er unterschätzt unsere Leute. Beweisen Sie mir, dass ich Recht habe, oder es geht ab zum Therapeuten.

---

* Wenn Sie immer noch nicht wissen, wer Nookie ist, dann sind Sie im falschen Unternehmen.

Memo

An: Senior Managing Directors, Managing Directors, Associate Directors

Von: Alan C. Greenberg

Datum: 9. November 1988

CC:

Betreff:

Oktober war ein exzellenter Monat, und der November beginnt ebenfalls herausragend. Ich denke, mein Memo über das Ausschalten der Lichter hat eine Menge mit der Profitabilität der letzten vierzig Tage zu tun. Unsere Gewinne wären aber noch höher, wenn unsere Leute meiner Bitte um Senkung unserer Stromrechnung mit größerem Enthusiasmus entsprochen hätten.

Allerdings übernehme ich einen Teil der Verantwortung dafür, dass sie nicht hundertprozentig erfüllt wurde, weil ich die mit meiner Bitte verbundenen Komplexitäten nicht erkannt habe. Unsere Mitarbeiter waren gut im Ausschalten von vertikalen Kippschaltern, horizontale Kippschalter schienen dagegen größere Probleme zu bereiten.

Nookie* erklärte mir die Gründe dafür. Auch wenn die meisten von uns PSDs* sind, haben wir doch alle Strom zuhause, und die Lichtschalter in unseren Räumen befinden sich an der Wand, und nicht am *Boden*. Bitte prägen Sie sich diese Tatsache gut ein. Unsere Associates waren ganz hundsmiserabel im Ausschalten von elektrischen Geräten. Können Sie sich vorstellen, warum? Nookie wusste es sofort. Lassen Sie es mich Ihnen erklären. Alle Schalter für diese Geräte schaltet man durch horizontales Kippen aus. Unser Team konnte sich einfach nicht umstellen! Bitte organisieren Sie in Ihren Bereichen Seminare über die Funktionsweise dieser Schalter. Unsere Alternative besteht darin, die Schalter aller Geräte so umzubauen, dass sie sich in vertikaler Position befinden. Das würde 8.492.212,00 Dollar kosten. Ihr Vorstand meint, dass es unseren Leuten mit Ihrer Hilfe gelingen wird, sich umzustellen.

Ich kann nicht mit ansehen, wie unser Geld verbrannt wird. Stoppen Sie alle Verschwendung!

---

* Wenn Sie nicht wissen, wer Nookie oder was ein PSD ist, lesen Sie nicht weiter. Sie werden den folgenden Text niemals verstehen.

Memo

An: Senior Managing Directors, Managing Directors, Associate Directors

Von: Alan C. Greenberg

Datum: 20. Dezember 1988

CC:

Betreff:

Wir machen gerade eine dieser Phasen durch. Einige Abteilungen sind dabei, Rekorde zu brechen, und es hat den Anschein, als werde alles, was sie berühren, zu Gold. Wir sind lange genug in unserem Geschäft unterwegs, um zwei Dinge zu wissen.

1. Für jede Katze kommt die Nacht. Auch für die Abteilungen, die gerade Probleme haben, wird die große Stunde kommen, aber bis dahin ist es unsere Aufgabe, die Moral hoch und unsere Leute bei der Stange zu halten.
2. Die Bereiche, die gerade Geld drucken, haben die Tendenz, allzu große Selbstsicherheit zu zeigen und ein wenig zu nachlässig und vergesslich mit den Grundlagen umzugehen, die diese Firma groß gemacht haben.

Und hier kommt unser PSD-Diplom ins Spiel. Wir betonen, drängen und pochen hartnäckigst darauf, dass übertriebenes Selbstvertrauen und Überheblichkeit sofort abgestellt werden. Wenn die Party in den überkochenden Bereichen endet, will ich nicht, dass der Vorstand die Reinigung übernehmen muss. Wir müssen dafür sorgen, dass unsere Associates mit den Beinen auf dem Boden bleiben. Die Party wird enden, und ich möchte nur das absolute Minimum zurückgeben müssen.

Unser zweites Quartal wird in zwei Wochen enden. Ich danke Ihnen allen schon mal für ein wunderschönes Weihnachtsgeschenk. Mehr sage ich dazu nicht.

Ich hoffe, 1989 wird für uns alle ein gutes Jahr!

An: Senior Managing Directors, Managing Directors und Associate Directors

Von: Alan C. Greenberg

Datum: 13. Januar 1989

CC:

Betreff:

Sie haben alle die Ergebnisse des letzten Quartals gesehen, und ich muss zugeben, dass sie spektakulär waren, wenn man die gegenwärtige Lage bedenkt.

Die Presse weiß nicht, wie sensationell der Monat Dezember war. Ein Golfer würde ihn als »Double Eagle« bezeichnen. Wir hatten in der Vergangenheit großartige Monate, und sie waren immer das Ergebnis der Beiträge aller Abteilungen. Die Ergebnisse von Dezember wurden erreicht, obwohl viele Abteilungen aufgrund der Branchenbedingungen, auf die sie keinen Einfluss hatten, *nicht* dazu beigetragen haben.

Nookie meint, das Geschäft könnte wieder in Fahrt kommen, und wenn das geschieht, kann ich nur von der Freude träumen, die wir erfahren werden.

Ein böses Monster, das weiterhin sein hässliches Haupt erhebt, ist die anhaltend muntere Entwicklung unseres Fehlerkontos. Letzte Woche ereilte uns ein harter Schlag und ein weiterer verfehlte uns nur ganz knapp – nicht weil wir Hirn, sondern weil wir einfach Glück hatten. Ich möchte alle unsere Mitarbeiter noch einmal nachdrücklich darauf hinweisen, dass Systeme und Verfahren besser sind als gar nichts, aber dass es keinen Ersatz dafür gibt, seinen Verstand zu benutzen.

Bitte betonen Sie noch einmal, dass wir Mitarbeiter, die ihren Verstand einsetzen, sofort mit Bargeld und/oder einer Beförderung belohnen.

Einer von Nookies größten Glaubenssätzen lautet: »Der Fisch stinkt immer vom Kopf her.« Wenn das Management wachsam und misstrauisch ist, werden sich die Mitarbeiter ähnlich verhalten. Unsere Aufgabe ist also einfach. Seien sie klug, handeln Sie klug, seien Sie wachsam, skeptisch und auf der Hut!

Das Einzige, was uns davon abhalten kann, noch reicher zu werden, ist Dummheit.

Memo

An: Senior Managing Directors, Managing Directors, Associate Directors

Von: Alan C. Greenberg

Datum: 7. April 1989

CC:

Betreff:

Wir haben seit Jahren eine klare Regelung für den Umgang mit der Presse, die für alle gilt.

Diese Vorschrift ist einfach. Niemand darf ohne Genehmigung von Jim Cayne oder John Rosenwald offizielle oder inoffizielle Verlautbarungen von sich geben. Wenn ich sage, niemand, dann deswegen, weil auch ich mich an diese Regel halte. Und wenn ich das tue, dann *werden* Sie das auch. Diese Regel beinhaltet selbstverständlich auch die Nennung Ihres Namens in allen Artikeln, die mit dem Wertpapiergeschäft zu tun haben sowie entsprechende Werbung. Bitte sorgen Sie dafür, dass jeder in Ihrer Abteilung diese Vorschrift unmissverständlich begreift.

Da wir gerade dabei sind, über den Einsatz unserer Stimmbänder zu sprechen, Nookie wies mich darauf hin, ich solle auch unsere Vorschrift über die Kommentierung des Vorgehens anderer Unternehmen unserer Branche betonen. Wir äußern uns *niemals* abfällig über die Preisgestaltung oder Struktur der Angebote unserer Wettbewerber. Ich bin mir sehr wohl darüber im Klaren, dass andere Firmen uns gegenüber nicht so rücksichtsvoll gewesen sind, aber das hat keinerlei Auswirkungen auf unser Gebaren.

Unsere letzten Ergebnisse werden wahrscheinlich Neid auslösen, daher ist es wichtiger denn je, dass unser Verhalten keinen Anlass zu Kritik gibt.

Nookie hat außerdem einige allgemeine Anmerkungen über Bear Stearns gemacht. Er hat den Eindruck, Geist und Moral seien so gut wie nie und die Zukunft habe nie besser ausgesehen. Ich stimme dem mit allem Nachdruck zu. Nookie verriet, dass er aufgrund von spontanen Unterhaltungen und persönlichen Beobachtungen zu diesem Schluss gekommen sei. Wenn Sie genau aufgepasst haben, ist Ihnen vielleicht jemand in einem arabisch anmutenden Gewand aufgefallen, der durch das Bürogebäude wanderte und dabei ständig an einer Eskimo-Tarte schleckte und einen Walrosspenis* als Zahnstocher benutzte. Die Schlauen unter Ihnen haben es vielleicht erraten – das war Nookie in seinem Geheimagenten-Outfit.

---

* Die neuen Associates unter Ihnen sind womöglich nicht mit Nookies Erbe vertraut. Seine Großmutter war eine Eskimo und sein Großvater Iraner.

Memo

An: Senior Managing Directors, Managing Directors, Associate Directors

Von: Alan C. Greenberg

Datum: 18. April 1989

CC:

Betreff:

Vor einiger Zeit haben wir alle Mitarbeiter von Bear Stearns darüber informiert, dass keine juristischen Beratungsleistungen, Druckaufträge, Installationsarbeiten oder sonstige Dinge, für die Bear Stearns bezahlt, ohne vorherige Genehmigung von David Glaser (-3763) oder Richard De Rose (-3767) in Auftrag gegeben werden dürfen.

Ich habe einen furchtbaren Fehler gemacht, weil ich Sie nicht alle drei Monate daran erinnert habe, wie ich es hätte tun sollen. Also erinnere ich Sie jetzt. Wenn Sie einen Hund beißen und Rechtsbeistand benötigen, dann können Sie auch ohne unsere Einwilligung einen Anwalt engagieren. Wenn Sie allerdings erwarten, dass Bear Stearns eine Anwaltsrechnung bezahlt, dann besorgen Sie sich vorher besser die Genehmigung einer der beiden zuvor genannten Personen. Ansonsten werden Sie die Kosten selbst tragen müssen.

Memo

An: Senior Managing Directors, Managing Directors und Associate Directors

Von: Alan C. Greenberg

Datum: 9. Mai 1989

CC:

Betreff:

Die Medien sind in letzter Zeit voll von Artikeln über die Wall Street und die Probleme unserer Branche. Die Verfasser dieser Artikel zitieren darin dieselben Legenden wie in der Vergangenheit. Was allerdings nicht erwähnt wird, ist die prophetische Aussagekraft dieser Weisheiten – sie ist lausig.

Es ist noch gar nicht so lange her, da wollte man uns weismachen, eine Börsenfirma müsse Teil eines großen Finanzdienstleistungskonzerns sein (Equitable, Metropolitan, Prudential, Sears etc.), um überleben zu können. Jetzt heißt es, es seien die kleinen »Apotheken«, die prosperierten.

Nookie Pookie* ist der Ansicht, dass unsere Struktur perfekt ist, und ich bin derselben Meinung. Unternehmen mit einem ausgedehnten Retail-Netz werden für viele Jahre Kopfschmerzen haben. Unser Stil hingegen, mit nur sechs nationalen Niederlassungen, die in der Lage sind, zahlreiche Bereiche abzudecken, bewährt sich als kluge Methode zur Integration des Retailgeschäfts in das System. Wir *bekennen uns ohne Einschränkung* zum Retailgeschäft, aber auf *unsere Weise*. Alle unsere Büros und Abteilungen, darunter auch Retail, sind bereit, einen erheblichen Beitrag zu unserer Profitabilität zu leisten.

Die jüngste Entwicklung unserer Ergebnisse ist kein Zufall. Wenn der Markt wieder einen Aufschwung erfährt und das Transaktionsvolumen wieder steigt, werden wir auf dem Gebiet, das ich so liebe, wieder neue Rekorde aufstellen – dem Gewinn nach Steuern.

Nookie Pookie stellte eine Sache heraus, die alle Wirehouses[+] hätten und die wir versuchen sollten zu übernehmen: ihr Multiple.

---

[*] Das ist der Kosename, mit dem ihn seine Frau Pastrami ruft.
[+] Firmen, die über alle Niederlassungen mit einem vernetzten Kommunikationssystem arbeiten, über das alle auf dieselben Finanz-, Kurs- und Research-Informationen Zugriff haben. (A.d.Ü.)

Memo

BEAR STEARNS

An: Senior Managing Directors, Managing Directors und Associate Directors

Von: Alan C. Greenberg

Datum: 9. Juni 1989

CC:

Betreff:

Ich hatte einen Traum. Ich träumte, ich sei als Verkäufer von Faxgeräten wiedergeboren und Bear Stearns wäre mein Kunde. Wir bestellen hier Faxgeräte, als gäbe es sie geschenkt – das ist aber nicht der Fall!

Wir haben die Faxgeräte in einer ausgedehnten Studie befragt, aus der sich abschließend ergab, dass sie keinerlei Einwände dagegen haben, von mehreren Personen benutzt zu werden. Das heißt, die gemeinsame Verwendung dieser *unbelebten* Geräte durch mehrere Menschen und Abteilungen ist durchaus möglich.

Bevor Sie oder Ihre Associates ein neues Faxgerät beantragen, eruieren Sie bitte die Möglichkeiten, ein bereits vorhandenes Gerät näher an Ihren Arbeitsplatz zu rücken oder es mit anderen zu teilen.

Diese Idee ist gut und ich kann das sagen, weil sie nicht von mir ist. Sie stammt von Nookies Frau* und seiner Schwägerin. In den Adern dieser Sippe scheint gesunder Menschenverstand zu fließen.

---

* Sie erinnern sich an seine Frau Pastrami. Sie ist eine der berühmten Meeskeit[+]-Zwillinge – Salami und Pastrami. Die Meeskeit-Zwillinge wurden als die Antwort ihres Kulturkreises auf die Gabor-Schwestern[++] betrachtet.

[+] »meeskeit« ist Jiddisch und bedeutet hässlich beziehungsweise hässlicher Mensch (A.d.Ü.).

[++] Gemeint sind die ungarischen Schwestern und Schauspielerinnen Magda, Zsa Zsa und Eva (A.d.Ü).

Memo

An: Alle Mitarbeiter der Büros 245 Park Avenue, 866 U.N. Plaza und 2 Broadway

Von: Alan C. Greenberg

Datum: 15. Juni 1989

CC:

Betreff: Statt im Telefonverzeichnis nachzusehen bei der Telefonvermittlung anzurufen

Itzhak Nanook Pumpernickanaylian hat soeben eine Studie abgeschlossen, um festzustellen, warum wir die zentrale Rufnummer (212-272-2000) während der Spitzenzeiten des Tages nicht nach weniger als zwei Klingeltönen beantworten können.

Drei Mal dürfen Sie raten! Nookie sagte, mehr als 50% der eingehenden Anrufe kämen von unseren eigenen Leuten (innerhalb des Gebäudes). Anstatt die gesuchte Nummer im Telefonverzeichnis nachzuschlagen, wird einfach die Telefonvermittlung angerufen. Der direkte Anruf bei der Telefonvermittlung ist zwar ein wenig bequemer, aber ich möchte alle daran erinnern, dass das Auswirkungen auf die Art und Weise hat, wie wir mit unseren Kunden umgehen. Wir sollten denjenigen, die unserem Unternehmen Aufträge erteilen, den besten Service angedeihen lassen.

Nookie empfiehlt, dass Sie damit beginnen, Ihren Verstand zu benutzen und damit aufhören, die Telefonvermittlung als wandelndes Telefonverzeichnis zu missbrauchen!

81

Memo

An: Senior Managing Directors, Managing Directors und Associate Directors

Von: Alan C. Greenberg

Datum: 30. Juni 1989

CC:

Betreff:

Unser Fiskaljahr endete am 30. Juni. Ich würde sagen, dass (um wie ein Golfer zu sprechen) die letzten drei Monate Bogey, Par, Eagle waren! Es fühlt sich immer gut an, mit einem Uptick aufzuhören, und der Juni war eine reine Freude.

Es wäre falsch von mir, wenn ich irgendetwas über die spezifische Profitabilität des vergangenen Quartals sagen würde (grins, kicher), aber die Ergebnisse werden in Kürze öffentlich bekannt gegeben. Das Jahr begann schwach, aber dann hatten wir Glück – es war unser 44. glückliches Quartal in Folge!

Alle, die hier arbeiten, spüren die Begeisterung und den optimistischen Geist, der durch das Unternehmen weht. Nookie* führte eine vertrauliche Umfrage bei Bear Stearns durch und kam zu dem Ergebnis, dass die Moral unserer Leute auf einer Skala von 1 bis 10 bei 12 liegt.

Einige der Entscheidungen, die wir seit Oktober 1987 getroffen haben, machen sich wirklich bezahlt. Zwei unserer besten Entscheidungen waren das Motto »heuern statt feuern« und die Ausweitung der Abteilungen, die andere Unternehmen schlossen oder verkleinerten. Diese Abteilungen sind entweder schon dabei oder kurz davor, einen wichtigen Beitrag zum Unternehmenserfolg zu leisten!

---

* Erinnern Sie sich, dass Sie von einem kleinen Mann in Galoschen, Eisbärfellmantel und Tropenhelm interviewt wurden? Richtig, das war Nookie in seinem Tarnanzug, den er immer trägt, wenn er Umfragen durchführt.

In absoluten Zahlen war das vergangene Jahr ausgezeichnet, relativ betrachtet war es sogar spektakulär. Wenn wir die Basics (meine nächsten sechs Memos werden sich diesem Thema widmen) und unsere Dynamik beibehalten, werden wir alle Rekorde brechen.

Ich habe soeben erfahren, dass eine Bank im Süden von Alabama 2.200 Aktien von Bear Stearns Stammaktien gekauft hat. Die Synergien, die diese Verbindung erzeugen könnte, sind schwindelerregend. Wie könnte man irgendetwas anderes als überschäumenden Enthusiasmus über unsere Zukunft verspüren?

Memo

An: Senior Managing Directors, Managing Directors und Associate Directors

Von: Alan C. Greenberg

Datum: 17. Juli 1989

CC:

Betreff:

Die interne Telefonvermittlung wird von Anrufen unserer eigenen Leute überschwemmt, die von der Vermittlung mit anderen Gesprächsteilnehmern im Haus verbunden werden wollen. Jeder Mitarbeiter von Bear Stearns hat ein Telefonverzeichnis erhalten und sollte dieses auch benutzen. Das macht unsere Telefonvermittlung für konstruktive Dinge wie die Beantwortung externer Anrufe von Kunden frei, die versuchen, uns zu erreichen.

Es gibt zwei Gründe dafür, dass die Telefonverzeichnisse nicht benutzt werden:

1. Faulheit
2. Analphabetentum

Nookie empfahl mir bestimmte Methoden, mit denen sich beide Gründe beseitigen lassen. Der Leiter der Telefonvermittlung wird Buch über die Namen der Mitarbeiter führen, die ständig die Hilfe der Vermittlung in Anspruch nehmen. Wenn diese Mitarbeiter des Lesens mächtig sind, werden Sie eine kleine Unterredung mit mir haben.

Für alle diejenigen, die nicht lesen können, werden wir auf jeder Etage H.I.s* einsetzen. Wenn jemand Hilfe bei der Entzifferung des Telefonverzeichnisses braucht, muss er nur »HI« rufen und schon wird ihm geholfen. Das wird nicht nur unseren Service verbessern, sondern könnte auch das Sozialleben dieser Deppen bereichern.

Dieses Vorgehen sollte das Problem ein für alle Mal lösen.

---

*Codename für »Helper of Illiterates« (Helfer der Analphabeten – A.d.Ü.).

Memo

BEAR STEARNS

An: Senior Managing Directors, Managing Directors und Associate Directors

Von: Alan C. Greenberg

Datum: 19. September 1989

CC:

Betreff:

Vor einiger Zeit hielt mich Itzhak Nanook Pumpernickanaylian unter Einsatz physischer Gewalt von dem Versand eines Memos zurück, das ich über die zunehmende Nachlässigkeit – kostspielige Fehler, die an jeder Ecke des Unternehmens wie Pilze aus dem Boden schossen – geschrieben hatte. Die Fehler deckten die ganze Bandbreite von der versäumten Stornierung von »Good Till Cancel«-Orders (also Orders die ihre Gültigkeit bis zur Stornierung behalten – und wenn's bis zum Sankt-Nimmerleins-Tag ist) bis zur Erteilung einer Kauforder statt einer Verkaufsorder ab und erstreckten sich vom Sachbearbeiter bis zu den Managing Directors.

Nookies Begründung dafür lautete, in der Vergangenheit seien unsere Leute jedes Mal, wenn wir das Thema Fehler und Bestrafung aufbrachten, so nervös geworden, dass die Fehler zunahmen.

Der Aktienmarkt ist in letzter Zeit nicht besonders aktiv oder verrückt gewesen, das Fehleraufkommen hat im letzten Monat aber dennoch ein kritisches Niveau erreicht. Der Umfang und die Häufigkeit der Fehler würden für die Kerben in jeder Münze der US-Münzprägeanstalt reichen; ganz offensichtlich können wir uns diesen Luxus nicht leisten.

Von heute an werden wir neue Instrumente zur Bekämpfung dieser Dummheit einsetzen. Bitte teilen Sie Ihren Leuten mit, dass eine Rückerstattung der durch Fehler verursachten Kosten noch die mildeste Strafe sein wird. Jeder Fehler wird dem Vorstand zur Kenntnis gebracht, der daraufhin angemessene Maßnahmen ergreifen wird. Wir müssen diese Schmälerung unseres Gewinns stoppen.

Memo

An: Senior Managing Directors, Managing Directors und Associate Directors

Von: Alan C. Greenberg

Datum: 2. Oktober 1989

CC:

Betreff:

Würden Sie 72 Dollar für etwas bezahlen, das Sie auch für 10 Dollar bekommen?

Unsere internen Rechnungsprüfer haben im vergangenen Jahr 44 Fälle dokumentiert, in denen Abteilungen insgesamt 1.356 Rollen Faxpapier direkt von Lieferanten gekauft haben, wobei sich der Preis zwischen 10 und 72 Dollar pro Rolle bewegte. Diese Einkäufe wurden von 28 verschiedenen Leuten genehmigt, darunter acht Senior Managing Directors und ein Mitglied des Vorstands.

Wir unterhalten eine Einkaufsabteilung, die Ihnen mit Freude Faxpapier für 7,35 Dollar die Rolle zukommen lässt. Warum rufen Sie sie nicht an?

Gerne bieten wir Ihnen Anreize, damit Sie sich an die Einkaufsabteilung wenden. In der Zukunft wird die Kreditorenbuchhaltung keine Rechnung (über 200 Dollar) für Büromaterial mehr bezahlen, für dessen Kauf nicht zuvor die Genehmigung der Einkaufsabteilung eingeholt wurde. Wenn die Einkaufsabteilung feststellt, dass sie einen Artikel günstiger hätte beschaffen können, wird der Senior Managing Director beziehungsweise die Führungskraft, die den Einkauf genehmigt hat, für die Begleichung des Differenzbetrags persönlich zur Kasse gebeten.

Sie können bei Yvonne Abbott (-8774) aus der Einkaufsabteilung sofort vorab die Preise für alle benötigten Artikel erfahren.

Einige von Ihnen haben sich vielleicht gefragt, wieso wir eine Abteilung haben, die sich Einkauf nennt. Dieses Memo sollte die Frage beantworten. Der Zweck der Abteilung mit der Bezeichnung Einkauf ist die Beschaffung von Büromaterial und anderen Artikeln für alle Mitarbeiter von Bear Stearns. Entweder Sie nutzen diese Abteilung oder Sie zahlen aus eigener Tasche. Genug ist genug.

Memo

An: Senior Managing Directors, Managing Directors und
Associate Directors

Von: Alan C. Greenberg

Datum: 9. November 1989

CC:

Betreff:

Und schon wieder. Das Geschäft ist hart. Der Dow Jones hat vor
einem Monat fast 200 Punkte eingebüßt. Die Firmen an der Wall
Street kündigen eine größere Entlassungswelle an.

Wie sieht unsere Position in der jetzigen Lage aus? Ihr Vorstand
hat den Eindruck, wir sollten *einstellen und nicht ausstellen*. Jetzt
ist der Zeitpunkt, um herausragende Leute anzuheuern. Dieser
Standpunkt mag einige unserer neueren Associates verblüffen,
aber diejenigen von Ihnen, die sich schon länger in unserer Kultur
bewegen, sind davon nicht überrascht. Gegen den Trend zu
schwimmen hat sich in der Vergangenheit bestens bewährt und
wird sich auch diesmal bewähren.

Erzählen Sie es herum – *wir stellen ein und nicht aus.* Das sollte
bei unseren Associates zu Erleichterung führen, und die Leute, die
hier arbeiten, werden dieses Unternehmen vielleicht als großartigen Arbeitgeber für die eigene Karriereentwicklung wertschätzen.

Nookie sagt, dass wir nicht genug Eigen-PR gemacht haben.
Er ist erstaunt, dass wir Mitarbeiter an Firmen verloren haben, die
ihre Belegschaften aufblasen und wieder zusammenschrumpfen
wie ein Akkordeon. Verschämt und schüchtern zu sein steht nur
Schneewittchen gut; Nookie kann nicht erkennen, was falsch
daran sein soll, dass wir unseren Leuten die Einstellungs- und
Entlassungswellen unserer Wettbewerber vor Augen führen.

Einer der größten Zahler von Vorschüssen an unsere Registered
Reps hat eine Pleite im Retailgeschäft hingelegt, nachdem er uns
drei Jahre lang Kummer gemacht hatte. Das war kein Einzelfall.
Wir müssen unseren Leuten dabei helfen, über den Tellerrand zu
blicken.

Memo

An: Senior Managing Directors, Managing Directors, Associate Directors

Von: Alan C. Greenberg

Datum: 20. Dezember 1989

CC:

Betreff:

Sie haben vielleicht die Mitteilung erhalten, dass der Bereich für festverzinsliche Wertpapiere in New York am 19. Dezember eine große Versteigerung zugunsten Ann Carnes' Enkelkinder veranstaltet hat. Ann arbeitet für uns im Parketthandel der NYSE; ihre Enkel haben vor kurzem ihren Vater verloren. Die Versteigerung und Spenden brachten rund 150.000 Dollar ein! Jedes Mitglied von Bear Stearns sollte stolz darauf sein, dass eine solche Summe für einen Associate zusammengetragen wurde.

Sie haben wahrscheinlich auch gehört, dass Moody's soeben das Rating für unsere vorrangigen Schulden und Vorzugsaktien *angehoben* hat. Das in der aktuellen Wall-Street-Atmosphäre als positiv zu bezeichnen, ist geradezu eine Untertreibung.

Wenn Sie diese Ereignisse zusammen mit der Tatsache betrachten, dass wir ein- und nicht ausstellen, können Sie vielleicht verstehen, warum die Moral bei Bear Stearns so gut ist, wie sie ist und sein sollte.

Wir navigieren durch raue See, aber Ihr Vorstand ist fest entschlossen, sie zu unseren Gunsten zu nutzen. Aus diesem Sturm werden wir gestärkt hervorgehen, und wir werden gegen weniger Wettbewerber zu kämpfen haben.

Ich wünsche Ihnen wunderschöne Feiertage und hoffe, Sie freuen sich genauso auf 1990 wie ich. Wir sind auf dem richtigen Kurs und Sie am richtigen Ort – verbreiten Sie diese Botschaft.

Memo

An: Senior Managing Directors, Managing Directors und Associate Directors

Von: Alan C. Greenberg

Datum: 22. Januar 1990

CC:

Betreff:

Letzten Donnerstag wurden unsere Quartalszahlen sowie die Zahlen für die ersten sechs Monate unseres Fiskaljahrs bekannt gegeben. Sie wären viel besser gewesen, wenn wir nicht der größte Käufer von Faxgeräten der westlichen Hemisphäre wären. Nach meiner Meinung war das Quartal soweit in Ordnung. Einige Abteilungen, die in der Vergangenheit viel zu unserem Ergebnis beigetragen haben, haben schwere Zeiten durchgemacht, aber mein Vertrauen in sie ist ungebrochen. Ich bin davon überzeugt, dass wir ein Quartal erleben werden, in dem jede Abteilung schwarze Zahlen schreibt, und dann werden wir unseren Aktionären eine echte Überraschung bieten. Unsere potenzielle Ertragskraft ist beeindruckend!

Itzhak Nanook Pumpernickanaylian wies mich darauf hin, dass wir alle von Bear Stearns Post und andere Informationen in Fensterumschlägen erhalten. Nookie informierte mich, dass die *Wiederverwendung* dieser Umschläge nicht gesetzeswidrig ist. Schreiben Sie die neue Anrede einfach auf die linke Seite des Fensters und vergewissern Sie sich, dass sich die unbeschriftete Seite der zu versendenden Unterlagen dort befindet, wo das Umschlagfenster ist. Wenn es ums Geldsparen geht, sind diese eskimo-iranischen Mischlinge wirklich unschlagbar.

Wir müssen unsere Ausgaben weiter senken. Bitte helfen Sie mir dabei, meinen Job zu behalten!

Memo

An: Senior Managing Directors, Managing Directors, Associate Directors

Von: Alan C. Greenberg

Datum: 20. Februar 1990

CC:

Betreff: Frequent-Flyer-Bonusmeilen

Wie Sie mitbekommen haben, wenn Sie jemals versucht haben, irgendjemanden hier zu erwischen, sind viele der Mitarbeiter von Bear Stearns ständig auf Reisen.

Itzhak Nanook Pumpernickanaylian hat mich darauf hingewiesen, dass diese Reisen eine riesige Menge an Bonusmeilen produzieren. Er legte dar, die Firma könne Unsummen an Reisekosten sparen, wenn diese Bonusmeilen, die die Mitarbeiter von Bear Stearns auf Reisen, die sie *im Auftrag von Bear Stearns* durchführen und die von Bear Stearns *bezahlt* werden, für zukünftige Geschäftsreisen genutzt würden.

Daher habe ich die Reiseabteilung angewiesen, alle Bonusmeilen einzufordern, die sich im Rahmen von Geschäftsreisen angesammelt haben und diese für alle zukünftigen Geschäftsreisen zu verwenden.

Ab heute sammeln Sie bitte Ihre Frequent-Flyer-Meilen und leiten die Gutschriften an die Reiseabteilung weiter. Sie wird Ihre Freitickets (keine Gutscheine über Upgradings) für Ihre zukünftigen Geschäftsreisen einsetzen. Die gilt nicht nur für alle zukünftigen, sondern auch für alle vergangenen Reisen.

Die Reiseabteilung wird alle Ticketgutscheine verwenden. Die Mitarbeiter sind nach wie vor für die Überwachung ihrer Reisekonten verantwortlich, da dies auf Vertrauensbasis geschieht (wobei Onkel Ace die mit diesem Vertrauen Geehrten überprüft).

Diesen Beitrag zu unserem Nettogewinn hätten wir schon vor langer Zeit leisten sollen, aber selbst Nookie fällt gelegentlich mal ein Ball aus der Hand.

Memo

BEAR STEARNS

An: Senior Managing Directors, Managing Directors, Associate Directors

Von: Alan C. Greenberg

Datum: 14. März 1990

CC:

Betreff:

Haben Sie ein Problem mit Kollegen, was den Rückruf von Anrufern angeht? Für mich ist es ein Problem, wenn Ihr Anruf oder der eines Kunden nicht *prompt* oder sogar überhaupt nicht erwidert wird.

Wenn ein Associate sich einer dieser beiden Regelverletzungen schuldig gemacht hat, haben Sie die Wahl. Sie können vor sich hin grollen und sich bei Ihren engsten Angehörigen ausweinen oder *sofort* mich anrufen. Sie werden mich nicht stören – im Gegenteil, Sie werden meinen Tag retten. Nichts macht mich glücklicher, als wenn ich einem ungezogenen Mitarbeiter (sanft und freundlich) dabei helfen kann, zu grundlegenden guten Manieren zurückzufinden.

Ich muss zugeben, dass diese pädagogischen Sitzungen, die üblicherweise zur Teestunde stattfinden und zu denen Teekuchen gereicht wird, meine Selbstkontrolle hart auf die Probe stellen, da ich dazu neige, Menschen, die versuchen, die Moral bei Bear Stearns zu unterminieren und diese goldene Gans indirekt in den Bankrott zu treiben, überhaupt nicht ausstehen kann.

Memo

An: Senior Managing Directors, Managing Directors, Associate Directors

Von: Alan C. Greenberg

Datum: 23. März 1990

CC:

Betreff:

Die heutigen Ausgaben der Tageszeitungen haben dem Umstand, dass zahlreiche Börsenfirmen ihre Werbebudgets drastisch reduzieren, viel Platz gewidmet. Wir reduzieren unser Budget *nicht* – auch nicht um ein einziges Prozent. Tatsächlich wird unsere TV-Werbung eher noch ausgeweitet, aber auf keinen Fall wird sie eingeschränkt.

Dieses Vorgehen Ihres Vorstands wird für diejenigen Associates, die schon länger bei Bear Stearns sind, keine Überraschung sein. Wir haben immer versucht, in allen unseren Handlungen konsistent zu sein. Sowohl Haimchinkel als auch Nookie halten es für überaus wichtig, dass die Truppen wissen, was sie erwartet. Konsistenz ist vielleicht ein wenig langweilig, führt aber zu einer angenehmen Umgebung und glücklichen Menschen.

Ich arbeite gerne für ein Unternehmen, das ein- und nicht ausstellt, und überdies will dieses Unternehmen seine witzige, raffinierte und teure Anzeigenkampagne fortsetzen, während andere Firmen in Deckung gehen. Ich hoffe, Sie empfinden dasselbe.

Memo

BEAR STEARNS

An: Senior Managing Directors, Managing Directors, Associate Directors, Department Heads

Von: Alan C. Greenberg

Datum: 10. April 1990

CC:

Betreff:

Wir haben unser Geschäft auf bestimmten Prinzipien aufgebaut, wobei es zwei Axiome gibt, die unseren Associates gegenüber ständig wiederholt werden müssen.

Wir werden keine Mitarbeiter einstellen, die Trades parken oder verbergen, selbst wenn es nur für 24 Stunden ist. Im letzten Jahr mussten wir mehreren Leuten aus diesem Grund kündigen. Einer der Betroffenen war seit mehr als zehn Jahren als Händler bei Bear Stearns tätig.

Wir werden keine Mitarbeiter einstellen, die mit *irgendeinem Menschen*, der nicht zum Erhalt dieser Informationen autorisiert ist, über unsere Handelsaktivitäten oder die unserer Kunden sprechen. Solche Informationen an nicht autorisierte Personen weiterzugeben, egal ob sie bei Bear Stearns arbeiten oder nicht, hat eine fristlose Kündigung zur Folge.

Wir haben eine sehr großzügige Belohnungspolitik in Form von Bargeld und Beförderungen und eine Belegschaft, die uns hilft, das Unternehmen immer besser werden zu lassen. Wenn Sie Ihren Reichtum sprunghaft ansteigen lassen wollen, dann geben Sie uns Informationen, die uns dabei helfen, diejenigen in unseren Reihen dingfest zu machen, die eine der beiden soeben genannten Regeln verletzen. Wenden Sie sich an Ihren Vorgesetzten oder an mich, wenn Sie irgendeinen Verdacht hegen. Man wird Ihnen das niemals vorwerfen, wenn sich der Verdacht als unbegründet erweist. Die Fabel über den Jungen, der »Wolf« schrie, passt nicht zur Philosophie von Bear Stearns. Rufen Sie »Wolf« bei jeder Gelegenheit. Wenn sich Ihre Zweifel nicht bewahrheiten, wird man Ihnen trotzdem danken.

Nookie bat mich, ein besonders niederträchtiges Gerücht zu kommentieren. Es stimmt *nicht*, dass wir irgendeinen unserer Jetpiloten oder fest angestellten Chauffeure feuern. Jeder Pilot oder Chauffeur, der *aktuell* bei Bear Stearns angestellt ist, hat einen Arbeitsplatz, der sicherer ist als mein eigener. Diese Gerüchte sind so lächerlich, dass es mich nicht überraschen würde, wenn mir zu Ohren käme, wir würden unsere TV-Werbung einstellen.

Memo

An: Senior Managing Directors, Managing Directors, Associate Directors

Von: Alan C. Greenberg

Datum: 9. Mai 1990

CC:

Betreff:

In jedem Sommer scheint die Abwesenheitsquote sprunghaft anzusteigen. Wir brauchen jeden Einzelnen jeden Tag, wenn wir unsere Dynamik beibehalten wollen.

Nookie hörte von meiner Besorgnis und fand, das sei eine so wichtige Angelegenheit, dass er seinen Onkel Haimchinkel Malintz Anaynikal konsultierte. Ihre gemeinsamen Gedanken sind nachfolgend aufgelistet. Bitte beachten Sie, dass *ich nicht mit allen ihren Empfehlungen einverstanden bin*:

1. Krankheit
   ist keine Entschuldigung ... Wir werden Ihre ärztliche Krankschreibung nicht länger als Beweis Ihrer Erkrankung akzeptieren. Wenn Sie sich gut genug fühlen, um eine Arztpraxis aufzusuchen, dann ist doch wohl völlig klar, dass es Ihnen auch gut genug geht, um zur Arbeit zu gehen.

2. Beurlaubung (für eine Operation)
   Diese Praxis erlauben wir nicht länger. Wir möchten alle unsere Associates davon abhalten, irgendein Körperteil einem Messer auszusetzen. Messer schneiden und Schnitte erzeugen Blut, und das ist ganz schlecht.
   Wir haben Sie so eingestellt, wie Sie sind. Wenn Sie irgendetwas von sich entfernen lassen, wären Sie hinterher eindeutig weniger als das, wofür wir bezahlt haben. Daher riskiert jeder, der sich einer Operation unterzieht, die Kündigung.

3. Tod (Ihr eigener)
   Das wird auch weiterhin als Begründung für Abwesenheit anerkannt, aber wir verlangen nun eine Mitteilung mit zweiwöchiger Vorlauffrist. Schließlich müssen wir Sie ersetzen.

95

Memo

An: Senior Managing Directors, Managing Directors, Associate Directors

Von: Alan C. Greenberg

Datum: 8. Juni 1990

CC:

Betreff:

Ich habe mir erlaubt, ein Memo erneut auszudrucken, dass am 17. Juli 1989 versandt wurde. Es scheint, als verfielen einige unserer Associates wieder in ihre alten schlechten Angewohnheiten, die sich durch eine erneute Lektüre des Ausdrucks korrigieren ließen.

»Die interne Telefonvermittlung wird von Anrufen unserer eigenen Leute überschwemmt, die von der Vermittlung mit anderen Gesprächsteilnehmern im Haus verbunden werden wollen. Jeder Mitarbeiter von Bear Stearns hat ein Telefonverzeichnis erhalten und sollte dieses auch benutzen. Das macht unsere Telefonvermittlung für konstruktive Dinge wie der Beantwortung externer Anrufe von Kunden frei, die versuchen, uns zu erreichen.

Es gibt zwei Gründe dafür, dass die Telefonverzeichnisse nicht benutzt werden:

    1. Faulheit

    2. Analphabetentum

Nookie empfahl mir Methoden, mit denen sich beide Gründe beseitigen lassen. Der Leiter der Telefonvermittlung wird Buch über die Namen der Mitarbeiter führen, die ständig die Hilfe der Vermittlung in Anspruch nehmen. Wenn diese Mitarbeiter des Lesens mächtig sind, werden Sie eine kleine Unterredung mit mir haben.

Für alle diejenigen, die nicht lesen können, werden wir auf jeder Etage H.I.s* einsetzen. Wenn jemand Hilfe bei der Entzifferung des Telefonverzeichnisses braucht, muss er nur »HI« rufen und schon wird ihm geholfen. Das wird nicht nur unseren Service verbessern, sondern könnte auch das Sozialleben dieser Deppen bereichern.

Dieses Vorgehen sollte das Problem ein für alle Mal lösen.

---

*Codename für «Helper of Illiterates«

Memo

BEAR STEARNS

An: Senior Managing Directors, Managing Directors, Associate Directors

Von: Alan C. Greenberg

Datum: 10. Juli 1990

CC:

Betreff:

Ein weiteres Jahr ist zu Ende gegangen. Unsere Ergebnisse werden in wenigen Wochen veröffentlicht, und wir können aus zahlreichen Gründen alle stolz auf das vergangene Jahr sein – unter anderem auch auf die Tatsache, dass wir immer noch da sind, und zwar stärker als je zuvor.

Ich kann wenige Garantien über die Zukunft abgeben, aber auf eine Sache können Sie wetten: Ihr Vorstand wird einen großen Teil des Jahres auf die Betonung der Basics verwenden. Ich denke nicht, dass unser Erfolg reine Glückssache war (auch wenn wir alle glückliche Umstände begrüßen und zu schätzen wissen).

Footballteams, die in bester Verfassung sind und herausragende Angriffs- und Abwehrspieler haben, gewinnen. Wir werden gewinnen, weil wir bestimmte Leitsätze ständig im Hinterkopf behalten, darunter:

1. Es ist unsere Aufgabe, RezeptionistInnen und SekretärInnen zu einem Lächeln und einem gewinnenden Auftreten zu inspirieren, wenn sie mit Kunden sprechen. Die Spitzenleute von Bear Stearns gehen mit gutem Beispiel voran, indem sie *alle Anrufe* unverzüglich erwidern.
2. Vermeiden Sie eine Herdenmentalität.
3. Kontrollieren Sie die Ausgaben – erst recht in guten Zeiten.
4. In jeder Abteilung sollten die besten und klügsten Köpfe arbeiten, weil ich Ihnen nicht sagen kann, welcher unserer Geschäftsbereiche in sechs Monaten der Renner sein wird.

5. Senken Sie die Ausgaben.
6. Wir bleiben bei den Dingen, von denen wir meinen, dass wir etwas davon verstehen. Ich bin zu alt, um beruflich umzusatteln und Autos, Modeschmuck oder Lebensversicherungen zu verkaufen.
7. Überheblichkeit und Selbstgefälligkeit sind gefährlich, vor allem in unserer Arbeit. Wenn ich jemals das Gefühl haben sollte, dass unsere Leute anfangen, ihren Körpergeruch für Parfüm zu halten und ich sie nicht vom Gegenteil überzeugen kann, werde ich meine Unternehmensaktien verkaufen.
8. Ich mag Leute, die ihr Geschäft »sauber und ordentlich« betreiben. Wenn Sie das nicht verstehen, rufen Sie mich an.
9. Kürzen Sie die Ausgaben.
10. Wir müssen bei neuen Beziehungen immer auf der Hut sein, und unsere Associates müssen sich immer darüber bewusst sein, dass wir unseren *Laden* und sie stets im Auge haben. Der beste Schutz gegen internen Betrug liegt in ausgezeichneten und engen Beziehungen zwischen dem Management und Associates aller Ebenen. Ihnen werden die Fehltritte eines Kollegen vier Jahre früher auffallen als den internen Rechnungsprüfern.

Diese Richtlinien sind zwar nicht exakt die zehn Gebote, aber sie wurden mir von Haimchinkel Malintz Anaynikal übermittelt (keine Verbindung zu Moses), und wir leben nach ihnen. Ich halte nichts davon, etwas zu reparieren, das nicht kaputt ist.

Memo

An: Senior Managing Directors, Managing Directors und Associate Directors

Von: Alan C. Greenberg

Datum: 26. September 1990

CC:

Betreff:

Ich weiß, dass Leute, die nicht zu Bear Stearns gehören, Mitarbeiter von uns angerufen und sich als Kollegen ausgegeben haben. Diese Betrüger haben vertrauliche Informationen erbeten und gesagt: »Rufen Sie mich nicht zurück, weil ich sehr beschäftigt bin. Ich rufe Sie wieder an.« Sie wenden sich an Associates der unteren Ebenen, geben sich als wichtige Senior Managing Directors von Bear Stearns aus und versuchen ihnen Informationen zu entlocken, die nur ganz wenige Führungskräfte von Bear Stearns haben sollten.

Selbstverständlich verfolgen wir die Unternehmen, für die diese Betrüger arbeiten, mit allen uns zur Verfügung stehenden rechtlichen Mitteln, aber das allein reicht nicht aus. Wir alle müssen jedem Kollegen und Mitarbeiter einprägen, sehr misstrauisch gegenüber Anfragen mit dem Begleitsatz »Rufen Sie mich nicht an, ich melde mich wieder bei Ihnen« zu sein. Wenn Associates einen derartigen Anruf erhalten und ihn unverzüglich melden, wird ein Geldregen auf sie niedergehen (Bares, Kohle, Schotter, Asche). Geben Sie allen Mitarbeitern aller Hierarchieebenen dieses Memo zu lesen.

Wir führen unseren ganz eigenen Krieg gegen Menschen, denen es völlig egal ist, ob sie zur Erreichung ihrer persönlichen Ziele unsere Kundenvertraulichkeit zerstören. Haimchinkel Malintz Anaynikal sagte mir, er habe einige Russisch-Roulette-Spieler kennengelernt, die sechs oder mehr Runden gewonnen hätten, aber er habe nie einen Russisch-Roulette-Spieler getroffen, der ein Mal verloren hat. Ich mag keine Sportarten, in denen es 11 zu 11 steht, und man sofort draußen ist, wenn man auch nur eine einzige Runde verliert. Ich habe das Gefühl, das ist hier unsere Situation – wir müssen diese Runde gewinnen.

Memo

An: Senior Managing Directors, Managing Directors
& Associate Directors

Von: Alan C. Greenberg

Datum: 3. Oktober 1990

CC:

Betreff: Jahresbericht 1990

Unser Jahresbericht für 1990 ist nun draußen, und obwohl die
Finanzzahlen schon eine Weile bekannt sind, lesen sie sich
immer noch gut. Was diesen Bericht wirklich erwähnenswert
macht, ist jedoch das, was wir nicht erwähnen: keine Entlassun-
gen, keine Schließung von Geschäftsbereichen, keine Wert-
berichtigungen bei Zwischenkrediten oder Double Leverage[+]
bei kurzfristigen Krediten. Stattdessen sind wir in der Lage, die
Sicherheit und Stärke unserer Bilanz und unseres Unternehmens zu betonen. In dieser Ära der Ungewissheit versetzt uns
das in eine einzigartige Position, und zwar nicht nur in der
Wertpapierbranche, sondern in der gesamten Finanzdienstleis-
tungsgemeinde.

Vielleicht interessiert es Sie auch, dass wir seit 2. August 1990
5.400.000 Aktien von Bear Stearns zurückgekauft und vom Markt
genommen haben. Unser Vorstand glaubt an Bear Stearns.

Ich kann Sie nur dazu ermuntern, sich einen Jahresbericht kommen zu lassen, ihn zu lesen und dafür zu sorgen, dass die Mitarbeiter Ihres Bereichs ihn ebenfalls durchlesen. Außerdem
wäre es schön, wenn Sie den Bericht Ihren Kunden zeigen und
ihnen bewusst machen würden, dass sie es sich jetzt noch weniger als sonst leisten können, ihre Geschäfte ohne Bear Stearns
zu machen.

---

[*] Aufnahme von Schulden auf Ebene der Muttergesellschaft, die dieses Geld dann
ihrer Tochtergesellschaft als Eigenkapital zur Verfügung stellt. Übliche Umgehungs-
praxis der für Banken, Versicherungen und ähnliche Unternehmen geltenden
gesetzlichen Eigenkapitalanforderungen zur Beschaffung schuldenfinanzierten
Kapitals (A.d.Ü.).

Memo

An: Senior Managing Directors, Managing Directors
& Associate Directors

Von: Alan C. Greenberg

Datum: 17. Oktober 1990

CC:

Betreff:

Sie haben Recht. Dies ist eine schwere Phase, und ich habe in
den 41,5 Jahren, die ich an der Wall Street tätig bin, so einige
schwere Phasen erlebt. Tatsächlich ist die Lage so schlecht in
beinahe allen Bereichen, dass Haimchinkel Malintz Anaynikal
mir einen unerwarteten Besuch abstattete (er betonte, dies sei
nicht als Kritik an den Ratschlägen gemeint, die wir von seinem
Neffen Itzhak Nanook Pumpernickanaylian erhalten hätten).
Onkel Chinkel hatte nur das Gefühl, er könnte uns auf einige
Faktoren aufmerksam machen, die einem nur die Erfahrung
sagen:

1. Der Bärenmarkt wird enden, und das kann ganz schnell
   gehen.
2. Es wird keine Glocke klingeln, um Sie auf die guten Zeiten aufmerksam zu machen. Erinnern Sie sich daran, wie
   großartig die Welt vor drei Monaten aussah? Der Markt
   kann seinen jetzigen Kurs genauso schnell wieder verändern.
3. Der Markt gibt uns allen die Chance zu beweisen, woraus
   wir gemacht sind. Einige Menschen gehen durchs Leben
   und erhalten nie eine Chance, ihre Führungsqualitäten
   unter Beweis zu stellen. Sie haben Glück! Sie können die
   Mitarbeiter, die für Sie arbeiten, durch diese Phase leiten,
   indem Sie sich als Führungspersönlichkeit erweisen.
   Jetzt ist der richtige Zeitpunkt für echte Führungskräfte,
   hervorzutreten.
4. Wenn Sie sich für den Kampf rüsten, betrachten Sie die
   Dinge aus der richtigen Perspektive. Dies hier ist nichts
   verglichen mit Pest, Krieg oder Vertreibung.

5. Sie arbeiten wahrscheinlich für die liquideste Firma der Wall Street, und diese wird in relativen Zahlen jeden Tag stärker – und wir werden dafür sorgen, dass das so bleibt.

6. Haimchinkel Malintz Anaynikal sagte, einige Menschen seien eher dafür prädestiniert, diese Phase unbeschadet zu überstehen, als andere. Ich habe mich zum Beispiel nie besser gefühlt oder tiefer geschlafen als zurzeit. Dieser Markt bringt mich nicht um, er ist nur eine kleine Herausforderung.

Memo

BEAR STEARNS

An: Senior Managing Directors, Managing Directors
& Associate Directors

Von: Alan C. Greenberg

Datum: 6. Dezember 1990

CC:

Betreff:

Es ist offiziell! Der strategische Planungsausschuss unter dem
Vorsitz von Bobby Steinberg und der Vorwärtsplanungsaus-
schuss unter dem Vorsitz von Barry Cohen haben die Perspek-
tiven für das Risiko-Arbitrage-Geschäft untersucht und sind zu
einem Ergebnis gelangt. Wir werden unsere Aktivitäten auf das
Geschäftsfeld Risiko Arbitrage *ausdehnen*. Der Bericht dieser
beiden sachkundigen und unvoreingenommenen Herren bestä-
tigte, was Ihr Vorstand schon die ganze Zeit glaubte.

Die Anfrage über die wirtschaftliche Machbarkeit eines Ein-
stiegs in das Geschäftsfeld Risiko Arbitrage wurde von dem
Umstand angespornt, dass mehrere große Investmentbanken
alles andere als optimistisch über die Zukunft dieses Bereichs
zu sein scheinen. Ihr Vorstand wäre pflichtvergessen, wenn er
diese altehrwürdige, geheimnisvolle und mysteriöse Kunst
nicht eingehend und sorgfältig studiert hätte.

Den vollständigen Bericht, der Ihrem Vorstand vorgelegt wurde,
finden Sie unten:

»Au Contraire«

An: Senior Managing Directors, Managing Directors
& Associate Directors

Von: Alan C. Greenberg

Datum: 10. Januar 1991

CC:

Betreff:

Haimchinkel Malintz Anaynikal kam neulich vorbei und meinte,
es sei eine gute Zeit, um einige der grundlegenden Prinzipien
zu wiederholen. In Befolgung seines Wunsches werden Sie in
der Zukunft einige subtile Memos von mir erhalten, aber ich
kann Ihnen versichern, dass meine Ausführungen feinfühliger
sein werden, weil die direkte Methode scheinbar nicht fruchtete.

Vor vielen Jahren beschloss Ihr Vorstand, dass alle Einkäufe
zentralisiert werden sollten, um unsere Kaufkraft zu maximieren. Ein Beispiel: Alle Dinge, die in einem Büro benötigt wurden, mussten über Jim Langs Bereich bestellt werden. Alle
Anfragen zu Rechtsberatung mussten an Dave Glaser oder Alan
Schwartz gerichtet werden. Und alles, was für die Reparatur
und Instandhaltung der Toiletten benötigt wurde, musste mit
Alan Greenberg besprochen werden.

Es gibt keine »genehmigte Liste an Dienstleistern«. Die Tatsache, dass ein Klempner in der Vergangenheit einen Superjob
für uns gemacht hat, heißt nicht, dass ein Associate ihn eigen-
mächtig für die nächsten Arbeiten beauftragen kann. Wenn Sie
einen Klempner brauchen, müssen Sie mich anrufen und ich
werde entscheiden, wer den nächsten Auftrag erhält.

Ich wiederhole: Es gibt keine »genehmigte Liste an Dienstleistern«, die Mitarbeiter von Bear Stearns in Eigenregie anrufen
können. Wenn Sie den Service eines Wirtschaftsprüfers, Rechts-
anwalts, Klempners, Druckers etc. benötigen, müssen Sie mit
der Person sprechen, die Ihr Vorstand als Entscheidungsinstanz
bestimmt hat. Sie haben hier kein Wahlrecht.

Falls dieses Memo nicht deutlich sein sollte, rufen Sie mich
direkt an und ich werde versuchen, die Nebel zu lichten.

Memo

An: Senior Managing Directors, Managing Directors
& Associate Directors

Von: Alan C. Greenberg

Datum: 8. Februar 1991

CC:

Betreff:

Wer sagt, dass wir nicht flexibel sind? Ihrem Vorstand wurde
zugetragen, dass einige der neuen Associates Probleme haben,
sich an einen Aspekt unserer Kultur anzupassen. Ich beziehe
mich auf das unermüdliche Streben nach Kostenkontrolle und
Kostensenkung, das sich in unserer Weigerung, Gummibänder
und Büroklammern anzuschaffen, beispielhaft ausdrückt.

Wir hätten diesen Kulturschock vorausahnen können, denn
wenn jemand von einer Firma zu uns wechselt, die Milliarden
verloren hat, sollte er spüren, dass wir die Dinge ein wenig anders machen als die Masse. Aber wir wollen natürlich nicht,
dass neue Associates die Taucherkrankheit ereilt.

Ab heute macht der Vorstand folgendes Zugeständnis: Jeder
neue Associate erhält zu seinem Einstand ein kleines Geschenk.
Das wird eine Kombination aus Care-Paket und extravagantem
Willkommensgruß sein. Die Personalabteilung wurde angewie-
sen, den neuen Kollegen eine Papiertüte mit einer Schachtel
Büroklammern und 20 Gummibändern zu überreichen.

Bitte denken Sie auch nicht für eine Minute, dass dies eine Veränderung unserer grundlegenden Philosophie ist. Tatsächlich
werden wir unseren Schwerpunkt erneut auf die Kostenkontrolle legen, seit das Geschäft wieder boomt. Denken Sie daran,
dass herausragende Pokerspieler *nichts* auf dem Tisch lassen,
wenn sie ein überlegenes Blatt in der Hand halten.

Memo

An: Senior Managing Directors und andere Interessierte

Von: Alan C. Greenberg

Datum: 27. Februar 1991

CC:

Betreff:

Ein Künstler auf Hawaii mit dem Namen Ron Kent las über unsere karitativen Aktivitäten und spendete Bear Stearns eine wunderschöne Schale. Er bat uns, diese Schale in einer Tombola zu verlosen und die Erlöse direkt Operation Exodus zukommen zu lassen.

Die Schale ist in der 2. Etage des Gebäudes 245 Park Avenue ausgestellt, von meinem Büro aus gesehen auf dem linken Gang, und zwar gegenüber der Glocke in der Mitte des Handelssaals. Diese runde Schale ist aus Holz und handgefertigt und misst ungefähr 50,5 x 23 cm. Das besondere hawaiianische Holz, aus dem sie gemacht ist, verleiht der Schale viele verschiedene Braunschattierungen und eine glatte, polierte Oberfläche.

Wenn Sie ein Los für die Tombola erwerben wollen, wenden Sie sich bitte an Maureen oder Lisa unter der Durchwahl -4608. Ein Los kostet 25 Dollar.

Die Schale ist 5.000 Dollar wert, und wir werden die Zahl der verkauften Lose auf 10.000 begrenzen (kicher, mein perverser Sinn für Humor konnte diese Gelegenheit nicht auslassen). Wir werden nur 100 Lose verkaufen.

Memo

BEAR STEARNS

An: Senior Managing Directors, Managing Directors
& Associate Directors

Von: Alan C. Greenberg

Datum: 28. März 1991

CC:

Betreff:

Unser drittes Quartal hat heute geendet. Jeder, der hier arbeitet
und sich nicht in einem komatösen Zustand befindet, weiß, dass
wir in Fahrt sind!

Die Lösung des Jardine-Rechtsstreits ist aus vielen Gründen
positiv. Der Vergleich war fair, und eine Menge Leute können
ihre ungeteilte Aufmerksamkeit jetzt wieder auf ihre Arbeit
bei Bear Stearns richten.

Unsere Auseinandersetzung mit Jardine ist vorbei. Ich werde
niemals ein schlechtes Wort über Jardine oder seine Vorstände
verlieren. Wenn mir zu Ohren kommen sollte, dass irgendeiner
unserer Associates schlecht über Jardine spricht, werde ich sehr
enttäuscht sein. Tatsächlich wird meine Enttäuschung nur durch
eine persönliche Unterredung mit dieser vorlauten Person ge-
mildert werden. Wir hatten Differenzen mit Jardine, aber das ist
jetzt Geschichte. Auf jemandem herumzuhacken bringt nichts.

Immer wenn die Dinge gut laufen, werde ich misstrauisch.
Wir sind jetzt in einer dieser Phasen. Seien Sie wachsam!
Jetzt ist die Zeit, um besonders vorsichtig zu sein. Jetzt ist
die Zeit, da die Betäubten ausgeknockt werden.

Denken Sie an die Regeln und an unsere Kultur. Wenn die Geschäfte gut laufen, gehen wir besonders vorsichtig mit unserem
Kapital um und versuchen, unsere Ausgaben zu senken.

1991−1995

Wir begannen die Dekade der 1990er-Jahre mit einer gewissen Anspannung. Zwar hatten wir drei äußerst schwierige Jahre erfolgreich hinter uns gebracht und befanden uns in der besten finanziellen Lage unserer Geschichte, aber niemand konnte wissen, was das neue Jahrzehnt bringen würde. Wir glaubten, dass wir gut aufgestellt wären, um weiter zu prosperieren, falls die Märkte weiter aufwärts tendieren würden, was sie dann auch taten. Bear Stearns Dynamik übertraf alle unsere Erwartungen. In den Fiskaljahren 1992 und 1993 erzielten wir zwei aufeinander folgende Rekordjahre. Heute ist unsere Kapitalrendite die höchste der gesamten Branche.

Die folgenden Memos spiegeln eine wichtige Periode in der Ge schichte unseres Unternehmens wider. In den letzten drei Jahren ist Bear Stearns dramatisch gewachsen. Die Zahl unserer Mitarbeiter ist auf über 7.500 gestiegen, und unsere Kapitalbasis beträgt 7,1 Milliarden Dollar. Am Ende des Fiskaljahrs 1991 beschäftigte das Unternehmen 6.500 Mitarbeiter, und die Kapitaldecke betrug 1,8 Milliarden Dollar.

Die Unternehmensführung von Bear Stearns hat sehr sorgfältig darauf geachtet, das Wachstum durch einen anhaltenden Fokus auf bestimmte grundlegende Prinzipien zu kontrollieren. Wir sind alle stolz darauf, dass diese Prinzipien uns in die Lage versetzt haben, eines der profitabelsten und bestgeführten Unternehmen der Wertpapierindustrie zu schaffen.

Memo

BEAR STEARNS

An: Senior Managing Directors, Managing Directors
& Associate Directors

Von: Alan C. Greenberg

Datum: 17. April 1991

CC:

Betreff:

Der Gewinn für das Quartal, das am 31. März 1991 endete, ist nun Geschichte, aber er lässt sich in der Beschreibung der letzten drei Monate kaum angemessen darstellen. Ich bin seit 42 Jahren dabei und kann mich an keine Phase erinnern, die sich auch nur annähernd mit der Aufregung und Freude vergleichen lässt, die mir die letzten 90 Tage beschert haben. Ich hoffe, dass Sie dasselbe Gefühl der tiefen Beglückung empfunden haben.

Es liegt an jedem von uns, diese Dynamik aufrecht zu erhalten, aber wir müssen auch eine kollektive Bodenhaftung bewahren.

Im Verlauf des Rechtsstreits mit Jardine wurde eines meiner Memos von Juli 1987 in die Akten aufgenommen. Der Sommer 1987 war eine weitere Zeit der Euphorie für Bear Stearns (aber nichts im Vergleich zum vergangenen Quartal). Der Kern dieses Memos lautete, dass sich üblicherweise plötzlich eine böse Überraschung ereignet, wenn die Zeiten zu gut sind.

Der Unterschied zwischen uns und dem Rest der Welt ist, dass wir das Glück hatten und haben, seit 1987 von Haimchinkel Malintz Anaynikal und heute von Itzhak Nanook Pumpernickanaylian beraten zu werden. Diese beiden Koryphäen haben ihr Bestes getan, um uns an die Bedeutung des Satzes zu erinnern, dass man seinen eigenen Körpergeruch niemals mit Parfüm verwechseln darf.

Wir müssen auch weiterhin die Prinzipien befolgen, die Bear Stearns bisher durch reichlich harte Jahre geleitet haben. Wenn Sie bessere Regeln kennen, lassen Sie es mich wissen. Wenn nicht, wird Ihr Vorstand die Lehren über Vergeltung durchsetzen. Wir mögen Dinge, die funktionieren – *sie funktionieren.*

111

An: Senior Managing Directors, Managing Directors & Associate Directors

Von: Alan C. Greenberg

Datum: 21. Juni 1991

CC:

Betreff:

Unser Fiskaljahr geht seinem Ende zu, und das Mindeste, was man sagen kann, ist, dass es aufregend gewesen ist. Wir haben eher langsam begonnen, aber die letzten sechs Monate haben unsere potenzielle Ertragskraft unter Beweis gestellt.

Ihr Vorstand hat keine Überraschungen für das neue Jahr in petto. Der Wohlstand an der Wall Street hat einige unserer Wettbewerber dazu veranlasst, nach den Sternen zu greifen, aber wie immer beteiligen wir uns nicht daran. Diejenigen von Ihnen, die schon länger bei Bear Stearns sind, wissen, dass wir zu großen Risiken bereit sind, sofern der Preis diese Risiken rechtfertigt.

Wir haben den Ruf, genau auf unsere Ausgaben zu achten, und das wird sich nicht ändern. Nookie Pookie erzählte mir, was in Ägypten passierte.* Das wird hier nicht passieren.

Am 1. Juli beginnt unser neues Jahr. Der Punktestand ist 0:0. Ich würde uns liebend gern alle Neune treffen sehen. Historisch betrachtet sind die ersten sechs Monate unseres Fiskaljahrs schwierig. Lassen Sie uns dieses Jahr zu einem besonderen Jahr machen. Ich bin ein alter Mann und halte Druck schlecht aus.

---

* Vor 7.000 Jahren erbauten die Ägypter Pyramiden und ihre Frauen ließen sich in Kutschen chauffieren, die Fingernägel polieren und pediküren (das wissen wir von den Malereien auf den Sarkophagen). Gleichzeitig lebte der Rest der Welt in Höhlen und musste für die Nahrungssuche auf die Jagd gehen. Die ägyptische Zivilisation entwickelte sich noch weitere 5.000 Jahre fort, aber dann begannen sie, nachlässig mit ihren Ausgaben zu werden. Ihre administrativen Kosten gerieten außer Kontrolle, und das war's. Seit 2.000 Jahren versuchen sie, sich davon zu erholen.

Memo

BEAR STEARNS

An: Senior Managing Directors, Managing Directors
& Associate Directors

Von: Alan C. Greenberg

Datum: 13. August 1991

CC:

Betreff:

Wir haben Glück gehabt!

Während der Phase des sorglos rauschenden Überschwangs der neuesten Wall-Street-Exzesse hat nicht einer unserer Senior Managing Directors eine gerichtliche Vorladung erhalten, geschweige denn, dass sie wegen Insiderhandel, Stock Parking+, Manipulation oder anderer Delikte verklagt worden wären. Ja, wir haben den Verhaltenskodex, wie er von Haimchinkel Malintz Anaynikal aufgestellt wurde, im Auge behalten. Ja, wir haben von den Nutzen Nookies »in-loco«-Inspektionen profitiert, seit Onkel Chaim in den Ruhestand gegangen ist, aber wir haben auch Glück gehabt.

Einige unserer Associates unterhalb der Senior-Managing-Director-Ebene haben sich etwas zuschulden kommen lassen und dafür bitter bezahlt. Aber bis jetzt ist das Topmanagement blitzsauber geblieben.

Wir müssen konzertierte Anstrengungen unternehmen, damit das so bleibt. *Ich will mich nicht auf das Glück verlassen.* Wir alle müssen mit unseren Kollegen über den Respekt vor den Regeln sprechen. Wir alle müssen gegenüber unseren Kollegen betonen, dass wir sie jederzeit beobachten (zu ihrem eigenen Schutz) und wie schwer wiegend die Konsequenzen einer Regelverletzung sind. Ich glaube, es war Mark Twain, der Folgendes sagte: »Der Fisch stinkt immer vom Kopf her.« Die Senior Management Directors müssen mit gutem Beispiel vorangehen und dürfen keinen Zweifel daran aufkommen lassen, wie wir über Ethik und Befolgung der Regeln denken – ob sie nun klein oder groß sind.

Ich kenne keine Firma unserer Größe, die eine ähnliche Erfolgsgeschichte aufweisen kann, was die Compliance ihrer obersten Führungsriege betrifft. Wir können alle stolz sein, aber wir dürfen nicht selbstgefällig werden. *Wir dürfen uns nicht auf das Glück verlassen.*

+ Dabei werden Long-Positionen auf Fremdkonten »geparkt«, um damit Short-Positionen zu decken, die nicht nach den Bestimmungen der SEC beglichen wurden (A.d.Ü.).

Memo

An: Senior Managing Directors, Managing Directors
& Associate Directors

Von: Alan C. Greenberg

Datum: 14. August 1991

CC:

Betreff:

Letzte Woche wurden zwei wichtige Meilensteine erreicht. McDonald's verkaufte seinen 70-millionsten Hamburger und Bear Stearns kaufte sein 10.000stes Faxgerät.

Ich habe eine traurige Mitteilung zu machen. Der Faxverkäufer, der Bear Stearns als Kunden betreut hat, ist in den Ruhestand gegangen. Er leidet an einem Burnout – mit 33 Jahren. Er hat Donald Trumps Jacht gekauft, und nun will die überarbeitete Seele nur noch auf hoher See kreuzen und die Dinge eine Zeit lang ruhig angehen lassen.

Nookie hat dieses Memo gelesen und glaubt, irgendwo verberge sich zwischen diesen Zeilen eine Botschaft. Können Sie sie entdecken?

Wenn wir unsere Ausgaben senken, hat das direkte und positive Auswirkungen auf unseren Nettogewinn. Wenn wir diese Tatsache vergessen, sind wir dumm und werden zu Mitgliedern im »Loser-Club«. Das ist der eine Club, dem wir niemals beitreten werden.

Memo

An: Senior Managing Directors, Managing Directors, Associate Directors

Von: Alan C. Greenberg

Datum: 26. August 1991

CC:

Betreff:

Es gelingt uns nicht, eine Sache klar zu machen. Niemand unterhalb der Ebene eines Senior Managing Directors ist befugt, irgendeinen Brief oder andere unterzeichnete Dokumente außer Haus zu versenden, es sei denn, der Absender hat dieses Schriftstück einem Senior Managing Director zur Genehmigung vorgelegt und diese erhalten.

Ab sofort wird jede Person, die gegen diese einfache Regel verstößt, mit einer sehr schnellen, einfachen Geldstrafe belegt werden. Genug ist genug – wir haben versucht, nett und freundlich zu sein, aber das hat nicht funktioniert.

Wir alle erhalten jeden Tag verschiedene Ausdrucke und andere gedruckte Unterlagen. Wenn Sie diese Informationen nicht brauchen, oder wenn sie *nicht für Sie bestimmt* sein sollten, dann rufen Sie Pat Ripley unter 212-272-3271 an. Pat wird dann zwei Dinge tun. Sie wird dafür sorgen, dass diese Verschwendung aufhört und Sie für eine Belohnung nominieren. Wenn Sie nicht den Informationsfluss stoppen, der *nicht für Sie bestimmt ist*, werden Sie mit einer Geldstrafe belegt.

Lesen Sie dieses Memo sorgfältig und sorgen Sie dafür, dass die Leute, mit denen Sie arbeiten, unsere Politik verstehen.

Memo

An: Senior Managing Directors, Managing Directors, Associate Directors

Von: Alan C. Greenberg

Datum: 11. November 1991

CC:

Betreff:

Unser Geschäft läuft großartig! Fast alle Abteilungen leisten einen Beitrag zum Erfolg, und vielleicht ist die Erfüllung meiner Vorhersage in Sicht, die ich auf der Jahresversammlung getroffen habe.

Es gibt drei Dinge, von denen ich sicher weiß, dass sie in einem solchen Zyklus eintreffen werden.

1. Diese euphorische Phase wird nicht ewig währen (weder ich noch irgendein anderes menschliches Wesen kann das Ende genau vorhersagen).

2. Menschen neigen dazu, nachlässig zu werden, wenn ihnen das Geldverdienen leicht gemacht wird.

3. Bear Stearns wird sich *nicht* von dem hysterischen Optimismus einfangen lassen, und die Mitarbeiter von Bear Stearns werden *weder* sorglos *noch* überheblich werden.

Es ist die Aufgabe Ihres Vorstands, dafür zu sorgen, dass wir alle mit den Beinen auf dem Boden bleiben. Es ist die Aufgabe Ihres Vorstands, dafür zu sorgen, dass wir die Chancen maximieren, die sich uns bieten.

Denken Sie daran, dass überlegene Pokerspieler jeden Cent aus einem guten Blatt holen, und sie geben Cocktailkellnerinnen keine 100 Dollar Trinkgeld – das machen nur Dummköpfe.

Rufen Sie sich stets die einfachen Leitsätze in Erinnerung, die uns in guten und schlechten Zeiten geholfen haben. Ein großartiges Jahr wird unsere Kultur nicht verändern!

- Wenn wir unsere Ausgaben kontrollieren.
- Wenn wir sorgfältig die Risiken prüfen.
- Wenn wir mit Sorgfalt neue Leute einstellen.
- Wenn wir unser Geschäft nach den höchsten ethischen Standards führen.
- Wenn wir unsere Associates so behandeln, wie wir behandelt werden möchten.
- Wenn wir alle Telefonanrufe zügig erwidern und dafür sorgen, dass unsere Mitarbeiter und Kollegen Kunden pfleglich behandeln.
- Wenn wir unseren gesunden Menschenverstand einsetzen, können wir ein großartiges Jahr in ein märchenhaftes Jahr verwandeln.

An: Senior Managing Directors, Managing Directors, Associate Directors

Von: Alan C. Greenberg

Datum: 14. November 1991

CC:

Betreff:

Den nicht unterschriebenen Brief, der an dieses Memo geklammert ist, habe ich vor wenigen Tagen erhalten.

Die Seite über »Reisebeschränkungen« erscheint ein wenig hart, aber ich bin von Natur aus ein Softie. Ich werde in den nächsten Tagen einige willkürlich ausgewählte Anrufe tätigen, um zu versuchen, einen Konsens darüber zu erzielen, ob wir irgendeinen dieser Vorschläge in unsere Kultur integrieren sollten.

Mr. Alan C. Greemberg
Chairman und Chief Executive Officer
Bear, Stearns & Co, Inc.
245 Park Avenue
New York, N.Y. 10167

7. November 1991

Sehr geehrter Mr. Greenberg,

als ich letzten Monat in Ihrer Niederlassung in Whippany vorsprach,
fielen mir einige Ihrer Memos in die Hände, die einfach großartig sind!

Nachdem mich eine notleidende Investmentbank letztes Jahr in den
Vorruhestand zwang, finde ich Ihre Rezepte für Kostenbewusstsein
höchst angemessen, unabhängig vom wirtschaftlichen Klima. Mein
ehemaliger Arbeitgeber hatte sich beinahe aller Verstöße schuldig gemacht, die Nookie auszumerzen versucht.

Ich dachte, Sie würden das beigefügte Memo vielleicht an Nookie weiterleiten wollen, als geistige Nahrung für sein kontinuierliches Streben
nach Kostensenkung und seinen Wunsch, einen wertvollen Beitrag zu
Bear Stearns Wohlergehen zu leisten.

Machen Sie weiter so!

Mit freundlichen Grüßen

Ein Bewunderer Ihres Führungsstils, der nicht das große Glück hatte,
bei B. S. zu arbeiten und nun „kleine Plastikrosen" verkauft.

Anlage

An: Alle Mitarbeiter

Betreff: Reisebeschränkungen

Aufgrund von Budgetrestriktionen treten die folgenden Vorschriften für Mitarbeiter auf Geschäftsreisen in Kraft. Diese Vorschriften gelten ab sofort.

Transport
Das Trampen anstatt der Nutzung öffentlicher Verkehrsmittel wird allen Geschäftsreisenden dringend nahegelegt. Jeder Mitarbeiter erhält vor seinem Aufbruch zu einer Geschäftsreise eine Sicherheitsweste mit fluoreszierenden Leuchtstreifen. Wenn irgend möglich werden Busse für notwendige Transporte eingesetzt. Flugtickets werden nur noch in Extremsituationen genehmigt, wobei in diesem Fall grundsätzlich die günstigste Buchungsklasse reserviert wird. Wenn zum Beispiel ein Meeting in Seattle geplant ist, die Reisekosten nach Detroit aber günstiger sind, dann wird Detroit Seattle ersetzen.

Unterkunft
Alle Mitarbeiter sind aufgefordert, auf Geschäftsreisen bei Freunden oder Verwandten zu übernachten. Sofern es die Witterungsbedingungen zulassen, sollten öffentliche Plätze wie Grünanlagen und Parkplätze als Reiseherberge gewählt werden. Bei unwirtlichen klimatischen Verhältnissen können Brücken entsprechenden Schutz gewähren.

Mahlzeiten
Aufwendungen für Mahlzeiten werden auf ein absolutes Minimum begrenzt. Es sei hier darauf hingewiesen, dass bestimmte Lebensmittelketten wie das General Nutrition Center und die Piggly-Wiggly-Läden oft Gratis-Lebensmittelproben verteilen. Auf diese Weise lassen sich ganze Mahlzeiten zusammenstellen. Geschäftsreisende sollten sich außerdem mit einheimischen Wurzeln, Beeren und anderen Proteinquellen vertraut machen, die sich an ihrem Zielort finden lassen. Falls ein Restaurant aufgesucht werden muss, sollten sich Geschäftsreisende an Etablissements halten, die eine»All-you-can-eat«-Salatbar anbieten. Das kann bei gemeinsamen Geschäftsreisen von mehreren Mitarbeitern besonders kosteneffektiv sein, da sich mit einem einzigen Teller die ganze Gruppe beköstigen lässt. Die Mitarbeiter sind außerdem aufgefordert, ihre eigenen Mahlzeiten von zu Hause mitzunehmen. Thunfisch in Dosen, Corned Beef im Glas und Dosenravioli lassen sich bequem in freien Minuten verzehren, ohne dass man sich über eine notwendige Erhitzung der Mahlzeiten oder andere kostspielige Vorbereitungen Gedanken machen muss.

Unterhaltung und Bewirtung

Unterhaltung und Bewirtung auf Geschäftsreisen ist höchst ungern gesehen. Falls irgendwelche Kundenkontakte derartige Extravaganzen verlangen, sollte der Kunde aufgefordert werden, die Rechnung zu übernehmen. Das spart dem Unternehmen Geld und überzeugt den Kunden davon, dass wir uns darauf konzentrieren, unser Geld in die Entwicklung guter Produkte und nicht in sinnlose Frivolitäten zu investieren. Die Bewirtung unserer Kunden, die unsere Büros aufsuchen, sollte ebenfalls geschmackvoll, aber kosteneffektiv sein. Anstelle extravaganter Abendessen werden auf dem Parkplatz Picknickbänke neben den Müllcontainern aufgestellt. Außerdem werden wir einen Gartenschlauch installieren, damit wir unseren Gästen stets ein Erfrischungsgetränk bieten können.

Sonstiges

Alle Mitarbeiter sind aufgefordert, bei unserer gemeinsamen Anstrengungen als Team innovative Techniken anzuwenden, um Unternehmensgelder zu sparen. Ein unternehmerisch denkender Mitarbeiter hat bereits den Vorschlag unterbreitet, die Reisekosten zu senken, indem Geschäftsreisende Flugverspätungen zum Geldsammeln nutzen. Zur Unterstützung dieser Idee werden allen Mitarbeitern vor Abreise Red-Cap-Gepäckträgermützen ausgehändigt, damit sie sich während ihrer Wartezeiten am Flughafen ein Trinkgeld verdienen können, indem sie anderen Passagieren mit ihrem Gepäck behilflich sind. Außerdem erhält jeder Mitarbeiter einen Strauß kleiner Plastikrosen, um zusätzliche Verkäufe zu generieren, sofern es die Zeit zulässt.

Memo

BEAR STEARNS

An: Alle Händler

Von: Alan C. Greenberg

Datum: 21. November 1991

In der Vergangenheit habe ich über das Verbergen von Trades beziehungsweise die Fehlbewertung von Positionen gesprochen. Leider ist es notwendig, das Memo zu wiederholen.

Vor kurzem waren wir gezwungen, einen Händler wegen der falschen Kennzeichnung einer Position in seinem Handelskonto, mit der er einen Verlust verbergen wollte, zu entlassen. Ich möchte kein Missverständnis darüber aufkommen lassen, dass es sich dabei um Diebstahl handelt und wir das auf keinen Fall tolerieren werden. Wenn Sie eine problematische Position eingegangen sind, besprechen Sie das mit dem Leiter Ihres Trading-Desks. Für Verluste kann eine Absolution erteilt werden, für Lügen zur Verschleierung von Verlusten niemals.

Alle Manager sind dafür verantwortlich, sicherzustellen, dass ihre Händler diese Botschaft verstehen und dafür, dass sie allen zukünftigen Mitarbeitern nahe gebracht wird.

Memo

BEAR STEARNS

An: Senior Managing Directors, Managing Directors, Associate Directors

Von: Alan C. Greenberg

Datum: 5. Dezember 1991

CC:

Betreff:

Nookie erinnerte mich an etwas, das eigentlich selbstverständlich sein sollte, aber wenn die Geschäfte gut laufen, werden die Menschen gerne nachlässig. Da ein sehr großer Prozentsatz unserer Geschäfte über das Telefon gemacht wird, ist einwandfreies Verhalten am Telefon sehr wichtig.

Wenn ein Telefon klingelt, sollte es sofort abgenommen werden. Wenn Sie Ihre Kunden warten lassen, werden und sollten diese wahrscheinlich auch unsere Wettbewerber anrufen. Wenn Sie einen Anruf entgegennehmen, der nicht für Sie ist, stellen Sie sicher, dass Ihr Associate bestätigt hat, dass Sie ihn auf diesen Anruf aufmerksam gemacht haben, indem er seine Hand hebt – *Augenkontakt heißt gar nichts.*

Wenn Sie sehen, dass sich ein Anrufer in der Warteschleife befindet und das entsprechende Lämpchen am Telefon schon eine ganze Weile blinkt, dann gehen Sie sofort hin und fragen Sie, ob Sie behilflich sein können oder erinnern Sie Ihren Mitarbeiter daran, dass er einen Anruf in der Leitung hat.

An diesen Empfehlungen ist nichts Revolutionäres; Empfehlungen von Haimchinkel Malintz Anaynikal und seinem Neffen Nookie wirken immer so simpel, aber das ist mit der Schwerkraft genauso. Sehen Sie nur, wie viel Publicity Newton aus dieser Sache mit dem Apfel gezogen hat.

Memo

An: Senior Managing Directors, Managing Directors,
        Associate Directors

Von: Alan C. Greenberg

Datum: 15. Januar 1992

CC:

Betreff:

Bear Stearns hat soeben das profitabelste Quartal in seiner
Geschichte bekannt gegeben. Die Branchenbedingungen waren
in den letzten drei Monaten exzellent, aber meine Einschätzung
lautet, dass wir unsere Kollegen anderer Firmen übertroffen
haben.

Haimchinkel Malintz Anaynikal und Nookie haben uns all die
Jahre in widrigen und trostlosen Zeiten Mut zugesprochen und
uns gewarnt, wenn sich der Motor zu überhitzen drohte. Wir
befinden uns derzeit in einer Phase, die die Dummen sorglos
und überheblich werden lässt, wobei die Ergebnisse einer solchen Haltung vorhersehbar sind – eine finanzielle Katastrophe.

Der Vorstand von Bear Stearns bekennt sich zu der langweili-
gen, konservativen und öden Art der Unternehmensführung,
die sich anscheinend bewährt. Wir hegen die Hoffnung, dass
die Menschen, die mit und für uns arbeiten, mit beiden Beinen
am Boden bleiben und den Kopf nicht zu hoch tragen.

Fast jede Branche in diesem Land hat mit finanziellen Problemen zu kämpfen. Es stimmt, dass wir unseren Beitrag geleistet
haben, um in einigen harten Jahren an der Wall Street zu überleben und sogar zu prosperieren. Verwechseln Sie Glück aber
nicht mit Verstand. Als Unternehmen und – wie ich hoffe – als
Individuen müssen wir das Beste aus dieser euphorischen Phase
herausholen und dürfen bei einer Marktwende so wenig wie
möglich wieder abgeben. Eines kann ich Ihnen versprechen:
dieses Picknick dauert nicht ewig.

Seien Sie vorsichtig, seien Sie klug, seien Sie ein Survivor!

BEAR STEARNS

An: Senior Managing Directors
Managing Directors
Associate Directors

Von: Alan C. Greenberg

Datum: 21. Januar 1992

Ich habe mit Haimchinkel Malintz Anaynikal Rücksprache über
ein philosophisches Problem gehalten, das mich beschäftigt hat.
Die Frage ist zweigeteilt: »Sollten wirklich reiche Menschen ihr
Telefon selbst beantworten? Und: Wenn der Millionär gerade be-
schäftigt war, als das Telefon klingelte, ist es als ein Zeichen von
Schwäche, als das Fehlen von Ausschusssitzungen oder als ein
Mangel an Aufmerksamkeit für die strategische Planung zu wer-
ten, wenn er den Anrufer anschließend unverzüglich zurückruft?«

Haimchinkel Malintz Anaynikal beauftragte Nookie, entsprechende Recherchen durchzuführen. Die Ergebnisse sind schlüssig
und unanfechtbar. Weder in der Bibel noch im Koran noch im
Talmud steht irgendetwas, das einen zügigen Rückruf verbieten
beziehungsweise es angezeigt sein lassen würde, einem entfern-
ten Jodler oder dem melodiösen Quaken eines Widderhorns (zu
der Zeit, als diese Bücher verfasst beziehungsweise überliefert
wurden, gab es keine Telefone) mit Verzögerung zu antworten.
Darüber hinaus konnte Nookie keine gesetzlichen Bestimmungen
finden (mit Ausnahme einiger neuer und alter Länder in Ost-
europa), die die Beantwortung des eigenen Telefons oder den
unverzüglichen Rückruf eines Anrufers verbieten. Ich dachte nur,
diese Fragen könnten Ihnen vielleicht genauso wie mir durch
den Kopf gegangen sein.

Es gibt einen weiteren Punkt, der eine Erwägung verdient. Dies
ist die Zeit, um wirklich ein wachsames Auge auf die Ausgaben
zu haben. Wenn man in einem Monat wie diesem Geschäfte
macht, wird man leicht nachlässig. Das ist, was uns von allen anderen unterscheidet – wir achten auf unsere Ausgaben, wenn die
Geschäfte gut laufen! Wenn Sie die Lichter ausschalten, in dem
Moment, in dem Sie Ihr Büro verlassen, werden Sie nur einige
Cent sparen, aber dieses Beispiel kann dem Unternehmen viel
Geld einsparen. Der Fisch stinkt vom Kopf her! Die Topmanager
geben den Takt für das Fußvolk vor. Setzen Sie ein Beispiel, das
mich vor Freude kichern und glucksen lässt.

Memo

An: Senior Managing Directors, Managing Directors, Associate Directors

Von: Alan C. Greenberg

Datum: 17. März 1992

CC:

Betreff:

Es ist meine traurige Pflicht, Ihnen mitzuteilen, dass Christian K. Nelson im Alter von 98 Jahren gestorben ist. Vor 71 Jahren tauchte Christian Nelson eine dicke Scheibe Eiscreme in Schokolade und taufte das Ganze Eskimo-Pie.

Haimchinkel Malintz Anaynikal und sein Neffe Nookie kam dieser Verlust besonders hart an, denn, wie Sie wissen, ist ihr höchster Feiertag der Eskimo Pie Day.* Für sie ist dieser Tag eine Art Kombination aus Weihnachten und Yom Kippur.

Mr. Christian Nelson war nicht nur ein Erfinder; auf dem Gebiet der menschlichen Beziehungen war er seiner Zeit zudem viele Jahre voraus. Trotz seines Namens erlaubte er Menschen aller Glaubensrichtungen, sein Produkt zu kaufen und zu verzehren. Er war ein echter Visionär, und der Feiertag, zu dessen Einführung er beitrug, wird für immer von Menschen mit Irakimo-Erbe in Ehren gehalten.**

---

* Siehe Memo vom 4. Oktober 1988.
** Das Problem einer iranisch-eskimoischen Verbindung.

Memo

An: Senior Managing Directors, Managing Directors, Associate Directors

Von: Alan C. Greenberg

Datum: 30. März 1992

CC:

Betreff:

Vor wenigen Tagen erhielten die Bear-Stearns-Associates des New Yorker Büros in 245 Park Avenue die Chance, ihre Augen von der Glaukomstiftung untersuchen zu lassen.

Hier sind die Ergebnisse. 563 Associates haben daran teilgenommen. 26 davon hatten potenzielle Probleme, zwei hatten ernsthafte Probleme und sieben leiden an einem Glaukom, das einer sofortigen Behandlung bedarf. Diese Statistiken sind furcherregend. Wir werden dafür sorgen, dass jeder Mitarbeiter in jeder Niederlassung von Bear Stearns an einer solchen Untersuchung teilnehmen kann. Ein Glaukom ist eine schreckliche Krankheit. Bitte sorgen Sie dafür, dass die Mitarbeiter Ihres Bereichs diese Chance nutzen.

Eine gute Gesundheit ist für alle von uns und für den Gewinn von Bear Stearns wichtig. Krank sein ist teuer!

Bei dieser Gelegenheit sei noch einmal der Hinweis auf unsere Rauchervorschriften angebracht. Rauchen ist bei Bear Stearns nirgendwo erlaubt, außer in Ihrem eigenen Büro bei geschlossenen Türen. Davon gibt es keine Ausnahmen – es sei denn, Sie arbeiten schon länger als *43 Jahre* bei Bear Stearns.

Auf der Titelseite des Wirtschaftsteils der Sonntagsausgabe der *New York Times* stand ein Artikel über die Börsenmaklerei. In dem Artikel heißt es: »Das Geheimnis der Wall Street ist es, dass überraschend wenig zu den Aktionären durchsickert, wenn die Zeiten gut sind. Die Bosse erhöhen sich ihre Gehälter, die Vergünstigungen und Sonderzahlungen scheinen überhand zu nehmen und es werden eine Menge neuer Leute eingestellt. Dieses Mal sollte eigentlich alles anders sein, aber wenn das neue Salomon so handelt, wie sieht es dann mit Maklern aus, die nicht im Rampenlicht stehen?«

Ganz offensichtlich ist der Verfasser dieses Artikels nicht mit Bear Stearns vertraut!

Memo

An: Senior Managing Directors, Managing Directors, Associate Directors

Von: Alan C. Greenberg

Datum: 23. April 1992

CC:

Betreff:

Bear Stearns wird der Strom inzwischen direkt in Rechnung gestellt. Lichter oder Geräte ohne Not eingeschaltet zu lassen, ist Geldverbrennung.

Es wird Sie wahrscheinlich überraschen, dass ich glaube, dass es dumm ist, Geld zu verbrennen und darüber hinaus schadet es direkt unserem Gewinn. Einige Ausgaben lassen sich nur schwer eindämmen, aber Stromsparen ist einfach, auch wenn es ein wenig Muskelkoordination erfordert. Einigen Nichtsportlern fällt es vielleicht schwer, beim Gehen die Lichtschalter zu berühren, aber wenn man sich konzentriert, kann es fast jeder schaffen. Mit ein wenig Übung werden Sie sogar in der Lage sein, Schalter auszuknipsen, während Sie schnell gehen. Machen Sie ein Spiel aus diesem Ritual. Schauen Sie, wie oft in Folge Sie den Lichtschalter erreichen, ohne einen auszulassen.

Die Ausgaben zu senken ist der sicherste Weg zur Steigerung unserer Gewinne. Wenn wir alle kooperieren, werden unsere Anstrengungen unser Multiple vielleicht auf sieben anheben.

Geben Sie das an alle Mitarbeiter in Ihrem Bereich weiter und sorgen Sie anschließend für eine entsprechende Disziplin.

An: Senior Managing Directors, Managing Directors, Associate Directors

Von: Alan C. Greenberg

Datum: 23. Juni 1992

CC:

Betreff:

In wenigen Tagen wird unser Geschäftsjahr zu Ende sein. Es war ein Rekordbrecher, und wir alle sollten stolz sein.

Bear Stearns ist nie stärker oder besser positioniert gewesen als wir es momentan sind. Das Teamwork, das alle von Ihnen in den vergangen zwölf Monaten gezeigt haben, war sensationell, und ich denke, dieser Faktor war einer der Hauptgründe dafür, dass wir ein derart überwältigendes Ergebnis erzielt haben.

Ich bin seit vielen Jahren bei Bear Stearns und kann Ihnen sagen, dass ich noch nie so optimistisch in unsere Zukunft geblickt habe wie derzeit. Sehen Sie sich nur die Leute an, die vor kurzem bei uns angefangen haben. Sehen Sie sich den Enthusiasmus an, der durch jedes Büro strahlt. Sehen Sie sich die Moral der Leute an, die Sie umgeben – das ist fast nicht möglich.

Dieser Platz rockt, und Ihre Aufgabe ist es, diese Dynamik zu bewahren. Alles läuft nach unseren Vorstellungen. Am 1. Juli 1992 steht das Punktekonto wieder bei null. Unterstützen Sie mich bei dem Versuch, einen neuen Rekord aufzustellen. Wenn wir ein weiteres Rekordjahr erzielen, können wir unser Multiple vielleicht auf sechs anheben.

An: Senior Managing Directors, Managing Directors, Associate Directors

Von: Alan C. Greenberg

Datum: 13. August 1992

CC:

Betreff:

Sie haben Recht! Es ist aufregend, bei Bear Stearns zu arbeiten.

Die ersten sechs Wochen unseres neuen Fiskaljahrs waren eine Fortsetzung unserer Rekordleistung im letzten Jahr. Wir stellen weiterhin Topleute ein, und es sieht so aus, als würde unsere Belegschaft bald die Zahlen von Oktober 1987 übertreffen.

Die einzigen Dinge, die unsere wahrhaft märchenhafte Zukunft aufhalten können, sind Arroganz, Egoismus und Einbildung. Größere und viel versprechendere Unternehmen als Bear Stearns sind zu einem Trümmerhaufen geschrumpft, weil sie diesen ansteckenden Krankheiten zum Opfer fielen.

Die Aufgabe der Unternehmensführung ist es, diese »Dummseltiere«* ausfindig zu machen und zu eliminieren. Wir können nichts falsch machen, wenn wir uns an die Regeln** und den Verhaltenskodex** halten, der uns Einlass zu dieser Party verschafft hat.

> Unsere Bilanzsumme ist gestiegen.
>
> Unser Gewinn ist gestiegen.
>
> Unsere Belegschaft ist angewachsen.
>
> Wir werden anders als die anderen sein – unsere Hutgröße bleibt allerdings dieselbe.

---

* Eine clevere neue Wortschöpfung, bestehend aus der Kombination von dumm, armselig und den drei Musketieren (Arroganz, Egoismus und Einbildung).
** Wenn Sie die Werke von Haimchinkel Malintz Anaynikal & Nookie nicht kennen, arbeiten Sie beim falschen Unternehmen.

Memo

An: Senior Managing Directors, Managing Directors, Associate Directors

Von: Alan C. Greenberg

Datum: 9. Oktober 1992

CC:

Betreff:

Die ersten beiden Oktoberwochen sind vorbei. Ich hatte vielleicht schon anstrengendere 14 Tage, aber ehrlich gesagt kann ich mich nicht erinnern, wann.

Ein langjähriger Associate hat gekündigt, wir haben in einem Rechtsstreit einen Vergleich über eine geradezu lächerliche Summe erzielt, die Märkte waren schwierig, und als Ergebnis haben wir einige Handelsverluste einstecken müssen, die nicht lustig gewesen sind.

Ich bin aber alles andere als mutlos, weil auf Phasen wie diese glücklicherweise ein Ausspruch Haimchinkel Malintz Anaynikals zutrifft. Ich zitiere:

»Man kann nicht mit den Adlern fliegen und scheißen wie ein Kanarienvogel.«

Unsere Verluste haben wir realisiert, unsere Köpfe sind wieder klarer, und unsere Aufgabe ist es nun, wieder Fahrt in die richtige Richtung aufzunehmen. Das Quartal ist erst zwei Wochen alt!

An: Senior Managing Directors, Managing Directors, Associate Directors

Von: Alan C. Greenberg

Datum: 19. November 1992

CC:

Betreff:

Dies sind gerade harte Zeiten für viele Amerikaner, und ich bin sicher, dass Sie ebenso viele Bewerbungen erhalten wie ich.

Ich meine, wir alle sollten uns an einige einfache Regeln halten. Wenn Sie eine Bewerbung erhalten, sollten entweder Sie selbst oder einer Ihrer Associates den Bewerber oder die Bewerberin anrufen und ihm/ihr mitteilen, dass seine/ihre Bewerbung bei uns eingegangen ist und bearbeitet wird. Wenn Ihnen eine Bewerbung für eine abschließende Entscheidung zugeleitet wird, ist es wichtig, dass wir den/die BewerberIn darüber informieren, dass er/sie abgelehnt oder angenommen wurde.

Wird dieses Verfahren Zeit in Anspruch nehmen? Die Antwort lautet ja. Aber wenn sich ein Mitglied Ihrer Familie um eine Stelle bewerben würde, würde es diese übliche Höflichkeit doch auch wertschätzen, oder? *Denken Sie immer daran, dass der Bewerber von heute der Kunde von morgen sein kann.*

Die Beachtung dieser einfachen Höflichkeitsregeln differenziert uns noch stärker von der Masse. Niemand hat je von uns behauptet, wir seien traditionell, und darauf bin ich stolz!

Memo

An: Senior Managing Directors, Managing Directors, Associate Directors

Von: Alan C. Greenberg

Datum: 5. Februar 1993

CC:

Betreff:

Wir brauchen Ihre Hilfe. Bitte helfen Sie uns dabei, die folgende Botschaft an jeden Associate zu übermitteln. Es ist *wieder einmal* dringend notwendig, zu betonen, dass wir jede Verdachtsmeldung eines Mitarbeiters über Dinge begrüßen, die er bei Bear Stearns hört oder sieht und von denen er den Eindruck hat, sie könnten im Widerspruch zu unseren Ehrlichkeits- und Integritätsstandards stehen. Dies sollte eine H.M.A.*-Krisenkontrollwarnung der Stufe gelb sein.

Wir wollen, dass unsere Leute »Wolf« rufen. Wenn sich der Verdacht als begründet erweist, wird der Rufer reich belohnt. Erweist sich der Verdacht als unbegründet, werden wir demjenigen, der uns seine Beobachtung gemeldet hat, für seine Wachsamkeit *danken* und ihn bitten, auch weiterhin wachsam zu bleiben.

Vergessen Sie die *Weisungshierarchie*! Das ist nicht die Art und Weise, wie Bear Stearns aufgebaut wurde. Wenn Sie glauben, dass jemand gegen unsere ethischen Grundsätze verstößt oder dessen/deren Entscheidungsfindung zweifelhaft ist, dann umgehen Sie diese Person**, und das gilt auch für mich.

Haimchinkel Malintz Anaynikal sagte einmal, eine erfolgreiche Transaktion habe viele Väter, eine dumme Entscheidung sei dagegen ein Waisenkind. Wir wollen, dass unsere Mitarbeiter uns unverzüglich potenzielle Armleuchter und Regelverstöße mitteilen! *Sorgen Sie dafür, dass diese Botschaft unmissverständlich klar ist.*

---

* Abkürzung für Haimchinkel Malintz Anaynikal.
** Wir hatten einige Topmanager, die solche »Ausweichmanöver« ablehnten. Sie wechselten relativ bald zu konventionelleren Unternehmen. Sie können sich selbst überlegen, ob diese Karriereveränderung zu ihrem Besten war.

Memo

An: Senior Managing Directors, Managing Directors, Associate Directors

Von: Alan C. Greenberg

Datum: 12. Februar 1993

CC:

Betreff:

Haimchinkel Malintz Anaynikal hat soeben seinen Vortrag an einem wichtigen Symposium in Harvard beendet, das sich an die CEOs großer US-Unternehmen richtete. Sein angekündigter Auftritt löste einen derart großen Ansturm aus, dass Harvard die Teilnehmerzahl auf solche CEOs amerikanischer Unternehmen begrenzen musste, die im letzten Jahr mindestens 3 Milliarden Dollar verloren haben. Wir haben die hochgesteckten Zutrittsbedingungen nicht erfüllt, aber die Inhalte Haimchinkels Vortrags sind ausschnittsweise zu mir durchgesickert, und ich finde, sie verdienen es, hier wiederholt zu werden:

1. Er ist ein überzeugter Verfechter der These, dass Leute, die zu viel reden, wenig Glück zu haben scheinen.

2. Menschen, die eingehende Anrufe nicht unverzüglich erwidern, scheinen den Anforderungen eines hoch profitablen Unternehmens nicht gewachsen zu sein.

3. Menschen, die »Ausweichmanöver« ablehnen, werden es im Football oder in erfolgreichen Investmentbanken nie zu etwas bringen. Bestimmte Gruppen brauchen eine Atmosphäre der strengen Beachtung von Berichtswegen und Weisungshierarchien. Hoch motivierte, intelligente Menschen brauchen diese Handschellen nicht.

4. Ein Unternehmen, das enthusiastische RezeptionistInnen und TelefonvermittlerInnen hat, verfügt über einen erheblichen Startvorsprung gegenüber den Dummis dieser Welt. Denken Sie daran, dass diese Mitarbeiter den ersten Eindruck prägen, den Menschen von Bear Stearns erhalten.

134

5. Wenn ein Geschäftsmann seine Buchhaltung fragen muss, ob er Gewinn macht, wird er nicht lange im Geschäft sein.

Diese fünf Aussagen erzeugten unter den Zuhörern eine Atmosphäre der Konfusion und Inkohärenz. Als Ergebnis ist Harvard gezwungen, diese Gruppe erneut zu Workshops einzuladen. Die Workshops werden von Haims Neffen, Itzhak Nanook Pumpernickanaylian, und seinen Zwillingsnichten, den Meeskeit-Schwestern Salami und Pastrami, geleitet.

Haimchinkel Malintz Anaynikal zweifelt, ob er seine Botschaft wirklich an den Mann bringen konnte.

Memo

BEAR STEARNS

An: Senior Managing Directors, Managing Directors, Associate Directors, alle Department Heads

Von: Vorstand

Datum: 7. April 1993

CC:

Betreff: Dennis Hom

Dennis Hom begann im Mai 1987 mit 22 Jahren für Bear Stearns zu arbeiten. Er stieg in Elliot Wolks Abteilung sehr schnell auf und gewann bei Bear Stearns viele Freunde. Vorletzte Woche wurde Dennis auf dem Weg von der U-Bahnstation nach Hause von einem Auto erfasst, letzte Woche starb er an seinen Verletzungen. Dennis hinterlässt eine Frau und zwei kleine Töchter.

Die Familie Hom hat vor mehreren Monaten ein Haus gekauft, auf dem eine Hypothek von 181.000 Dollar lastet. Der Vorstand ist davon überzeugt, dass diese junge Familie von der Bürde dieser Hypothek befreit werden sollte.

Viele Mitarbeiter haben uns gefragt, was sie für Dennis' Familie tun können. Wir wollen uns alle an einer traditionellen Hypothekenverbrennungszeremonie beteiligen. Bear Stearns wird 150.000 Dollar der Hypothek übernehmen, und wir glauben, dass es leicht sein sollte, die restliche Summe über Mitarbeiterspenden aufzubringen. Alle Schecks sollten auf den Dennis-Hom-Fonds ausgestellt und an Elliot Wolk gesendet werden.

Memo

An: Senior Managing Directors, Managing Directors, Associate Directors

Von: Alan C. Greenberg

Datum: 12. April 1993

CC:

Betreff:

Unser Gewinn für das letzte Quartal, das am 31. März 1993 endete, war spektakulär.

Vor 15 Jahren betrug das Eigenkapital von Bear Stearns ungefähr 40 Millionen Dollar (und wir schoben damals eine umfangreiche Steuerzahlung vor uns her). Im letzten Quartal haben wir 110.000.000,00 Dollar nach Steuern verdient! Das ist beeindruckend.

Unsere Ertragskraft hat sich substanziell verändert, einige andere Dinge aber kein bisschen:

1. Wir haben nicht mehr Managementebenen als 1978.
2. Wir erkennen nach wie vor die Bedeutung der Anstrengungen, unsere Ausgaben zu senken.
3. Wir wissen nach wie vor, wie wichtig es ist, vor Einbildung und Arroganz auf der Hut zu sein.
4. Wir sind nach wie vor intensiv um das Wohlergehen aller Mitarbeiter von Bear Stearns besorgt.

Wir haben Dynamik, und unsere Moral ist so hoch wie nie. Unsere Zukunft ist grenzenlos, solange wir uns daran erinnern, wo wir hergekommen sind und wie wir diese Maschine auf ihre derzeitige Umdrehungszahl gebracht haben. Haimchinkel Malintz Anaynikal beobachtet uns. Kommen Sie vom Weg ab oder missachten Sie seine Lehren, und Sie werden diesen alten Mann (und mich) unglücklich machen.

An: Senior Managing Directors, Managing Directors, Associate Directors

Von: Alan C. Greenberg

Datum: 15. April 1993

CC:

Betreff:

Letzte Woche erhielt ich einen Anruf von Nookie, der unserer Firma zu unserem »besten Quartal in der Unternehmensgeschichte« gratulierte. Nookie erinnerte mich jedoch daran, dass »Hochmut vor dem Fall« komme. Er sagte, trotz unserer Umsätze müssten wir mit Argusaugen über unsere Ausgaben wachen.

Als Beispiel sagte er mir, dass diejenigen, die Laserdrucker und Faxgeräte benutzen, 5 bis 10% mehr Lebensdauer aus den Tonerkassetten holen könnten, wenn sie einfach nur den Hinweisen des Herstellers folgten. Wenn nur noch wenig Toner in der Kassette ist, nehmen Sie sie heraus, schütteln sie und setzen sie wieder ein. Wenn wir nur 5% mehr Leistung aus unseren Tonerkassetten erzielen, würde das unserem Unternehmen 15.000 Dollar pro Jahr sparen.

Nookie erwähnte außerdem. dass sich die Jungs, die nicht für ihren Lebensunterhalt arbeiten wollen, einen neuen Trick ausgedacht haben, um Geld zu stehlen. Anscheinend rufen sie an und sagen Ihnen, sie hätten eine Störungsmeldung zu Ihrem PC oder Faxgerät oder irgendeinem anderen Bürogerät erhalten und erbitten die entsprechende Seriennummer. Anschließend tauchen sie in einer Art Uniform im Büro auf und nehmen das Gerät entweder mit oder arbeiten vor Ort daran. Sie wissen, was als Nächstes passiert.

Sollten Sie jemals irgendetwas Ähnliches erleben, rufen Sie den Sicherheitsdienst (-4333 in der Park Avenue oder -1147 bei Metro-Tech) an und sagen ihm Bescheid. Der Sicherheitsdienst kümmert sich dann darum. Es erübrigt sich wohl der Hinweis, dass Sie niemals irgendjemanden an Ihrem PC arbeiten lassen, es sei denn, er zeigt Ihnen seinen gültigen Bear-Stearns-Lieferantenausweis.

Es sieht so aus, als sei Nookie nach wie vor in Topform. Bitte sorgen Sie dafür, dass alle Mitarbeiter den Inhalt dieses Memos zur Kenntnis nehmen.

Memo

An: Alle Mitarbeiter

Von: Steve Lacoff

Datum: 12. Mai 1993

Den angehängten Brief sandte Lisa Hom an Ace mit der Bitte, ihn an alle Mitarbeiter zu verteilen. Bitte nehmen Sie sich einige Minuten, um diesen wunderbaren Dankesbrief zu lesen.

An: Alle Mitarbeiter

Von: Lisa Ann Hom

Ich möchte dem Vorstand dafür danken, dass er mir die Gelegenheit gibt, mich an alle Mitarbeiter von Bear Stearns zu wenden.

Wie Sie vielleicht wissen, wurde mein Ehemann Dennis Hom am Abend des 24. März Opfer eines tragischen Autounfalls. Am 30. März verstarb er zu unserer großen Trauer an den Folgen seiner schweren Verletzungen.

Dennis und ich sowie unsere Töchter Jessica (6) und Lauren (4) waren gerade aus unserer Wohnung in Astoria, Queens in ein neues Haus in Albertson, Long Island gezogen, das wir am 6. März gekauft hatten. Wenn Sie jemals umgezogen sind, dann werden Sie sicher wissen, wie viel Kopfschmerzen und Konfusion mit der Logistik eines Umzugs verbunden sind. Es schien, als hätten wir bei unserem Umzug mit allen Problemen zu kämpfen, die überhaupt nur auftreten können.

Folglich hatte Dennis angesichts der kurzen Zeit, die seit unserem Einzug bis zu seinem Unfall verstrichen war (ungefähr zwei Wochen), einfach keine Chance, sich ernsthafte Gedanken über eine Hypothekenlebensversicherung zu machen. Ich bin sicher, dass diejenigen, die Dennis gut kannten, wissen, dass er definitiv kurz nach dem Einzug eine solche Versicherung abgeschlossen hätte. Zum Unglück meiner Familie hatte er jedoch nicht mehr die Gelegenheit.

Daher möchte ich Alan Greenberg und dem Vorstand ganz besonderen Dank für ihre Initiative und die Bemühungen der Unternehmensführung aussprechen, uns bei der Abzahlung der Hypothek auf das neue Haus zu helfen. Ein ebenso großes Dankeschön möchte ich aber auch an alle Mitarbeiter von Bear Stearns richten.

Im Namen meiner Töchter und meiner ganzen Familie möchte ich noch einmal meinen tiefsten und aufrichtigsten Dank und unsere große Wertschätzung für das Mitgefühl, die Zuwendung und Unterstützung aussprechen, die Sie alle uns in dieser sehr schweren und traurigen Phase entgegengebracht haben.

Wir können unsere Dankbarkeit, die wir gegenüber jedem Einzelnen von Ihnen aus tiefstem Herzen empfinden, kaum in Worte fassen. Bitte nehmen Sie unsere aufrichtigsten Gefühle der Wertschätzung und Zuneigung entgegen. Die Sorge und Zuwendung, die wir durch die Mitarbeiter von Bear Stearns erfuhren, sind überwältigend und sehr tröstlich.

Meine Familie wird Ihre Freundlichkeit und Großzügigkeit nie vergessen. Wir sind Ihnen ewig dankbar für Ihre aufrichtige Sorge und Unterstützung. Ich weiß, dass die tiefe Liebe meiner Familie für und die Erinnerungen an Dennis auch im Verlauf der Zeit nicht verblassen werden und für immer in unsere Herzen und Köpfe eingraviert sind. Ich hoffe, dass auch Sie Dennis in bester Erinnerung behalten werden.

Und schließlich bin ich dafür dankbar, dass Dennis die Chance hatte, mit so wunderbaren, freundlichen und warmherzigen Menschen zu arbeiten. Wir werden die Mitarbeiter von Bear Stearns nicht nur als Dennis' Kollegen, sondern stets als gute, liebe Freunde unserer Familie betrachten.

Memo

An: Senior Managing Directors, Managing Directors, Associate Directors

Von: Alan C. Greenberg

Datum: 1. Juli 1993

CC:

Betreff:

Ein weiteres Jahr ist vergangen. Es waren wahrscheinlich die besten zwölf Monate in der Geschichte von Bear Stearns.

Es gibt zahlreiche Dinge im Jahr 1993, die erfreulich gewesen sind, aber die Dynamik, die wir im Verlauf des Jahres entwickelt haben und die Art und Weise, wie sie im letzten Quartal in ein Crescendo mündete, waren absolut mitreißend. Dieser Betrieb tobt!

Eines der grundlegenden physikalischen Gesetze lautet, dass Dinge, die in Bewegung sind, dazu neigen, in Bewegung zu bleiben. Aber ich glaube auch an Haimchinkel Malintz Anaynikal. Wir müssen alle daran arbeiten, dass die Geschäfte auch weiterhin so gut laufen. Kunden sind nicht an vergangenen Erfolgen interessiert (das ist der Grund, warum 90% unserer Wettbewerber in den letzten 20 Jahren von der Bildfläche verschwunden sind). Kunden wollen Service, Ideen und hingebungsvolle Pflege.

Das neue Jahr ist da; bitte denken Sie daran, dass Rekorde dazu da sind, gebrochen zu werden. Lassen Sie uns zehn Homeruns im ersten Inning hinlegen und uns selbst übertreffen!

Memo

An: Senior Managing Directors, Managing Directors, Associate Directors

Von: Alan C. Greenberg

Datum: 9. August 1993

CC:

Betreff:

Vor ungefähr einem Monat habe ich Ihnen allen zu unserem Fiskaljahr gratuliert, das am 30. Juni 1993 endete.

Ich sagte, ich würde nur zu gerne sehen, dass wir das Fiskaljahr 1994 mit einem großen Knall starten und viele Homeruns im ersten Inning machen. Der Juli ist vorüber; man kann also schon Ihre Antwort auf meine Bitte ermessen. Ihre Anstrengungen haben meine kühnsten Erwartungen übertroffen!

Tatsächlich äußerte Itzhak Nanook Pumpernickanaylian die Befürchtung, wir könnten zu früh unseren Höhepunkt erreichen. Aber dann mischte sich Haimchinkel Malintz Anaynikal ein und erklärte, aufgrund Nookies mangelnder Erfahrung habe er Höhepunkt mit Dynamik verwechselt.

Weiter so!

Memo

An: Senior Managing Directors, Abteilung Institutional Equity

Von: Alan C. Greenberg

Datum: 23. September 1993

CC:

Betreff:

Dick Fay war ein guter Freund und Kollege. Dick ist vor kurzem gestorben, und seine Familie sowie einige seiner Freunde sind dabei, den Stipendienfonds Richard J. Fay Scholarship Endowment Fund an der Fordham University einzurichten.

Das Ziel ist es, 100.000 Dollar aufzubringen. Bisher haben sie drei Zusagen über insgesamt 30.000 Dollar erhalten.

Wenn Sie sich daran beteiligen möchten, den Namen eines echten Freundes zu verewigen und gleichzeitig qualifizierten jungen Menschen helfen wollen, dann rufen Sie bitte Lisa D'Amore unter der Durchwahl -4608 an.

Liebe Mitarbeiter,

in Befolgung der Politik, zu Spenden für karitative Zwecke aufzurufen, genehmigt Bear, Stearns & Co. Inc. die Benutzung der Räumlichkeiten für die beigefügte karitative Initiative. Das Unternehmen trifft keine Bewertung des Spendenaufrufs und der dafür verantwortlichen Organisation. Die Teilnahme ist selbstverständlich freiwillig. Sie sollten sich weder verpflichtet noch unter Druck fühlen, eine Spende zu leisten. Wenn Sie sich nicht beteiligen möchten, ignorieren Sie den Aufruf einfach.

Der Vergütungsausschuss

An: Senior Managing Directors, Managing Directors,-
Associate Directors

Von: Alan C. Greenberg

Datum: 24. September 1993

CC:

Betreff:

In den letzten Monaten wurde die Wirtschaftsgemeinde mit einigen neuen Managementtools konfrontiert. Den Eingeweihten sind sie unter der Bezeichnung Total Quality Management (TQM), Kontinuierlicher Verbesserungsprozess (KVP), Business Process Reengineering (BPR) und Sonstige Initiativen für Trading- und Organisationsentwicklung (SITO) bekannt. Ihr Vorstand ist stets auf der Suche nach Methoden zur Optimierung unserer Performance, und diese Bezeichnungen haben unsere Neugier geweckt.

Wir bildeten einen Ausschuss (A), bestehend aus Haimchinkel Malintz Anaynikal (HMA) und Itzhak Nanook Pumpernickanaylian (INP), um eine umfassende Studie über dieses Thema durchzuführen. Wir dachten, die Ergebnisse würden Sie vielleicht interessieren. Ab sofort werden wir uns des Sprachgebrauchs fortschrittlichen Managements bedienen.

Der »A« stellte fest, dass wir im Verlauf der letzten 20 Jahre 90% unserer Wettbewerber verloren haben. Die meisten Topmanager dieser Unternehmen waren frühreif; sie hatten die zuvor genannten Techniken mit den griffigen Bezeichnungen bereits Jahre zuvor angewendet.

     35% wendeten TQM an   20% wendeten BPR an
     25% wendeten KVP an   10% wendeten SITO an

Die verbleibenden 10% verwendeten keine ausgeklügelten Managementtools; sie waren einfach nur ganz besonders dämlich.

Der »A« schlug vor, wir sollten bei Gesundem Menschenverstand (GMV) bleiben, weil keine markige Bezeichnung jemals »GMV« ersetzen kann. Wenn Sie anderer Meinung sind, arbeiten Sie im falschen Laden.

Memo

An: Senior Managing Directors, Managing Directors, Associate Directors

Von: Alan C. Greenberg

Datum: 30. September 1993

CC:

Betreff:

Investmentbanken leiden seit Jahren unter Händlern, die Positionen falsch bewerten, und wir sind da keine Ausnahme. Ich nehme an, dass die Übeltäter versuchen, auf diese Weise einen Verlust zu vertuschen, in der Hoffnung, er werde dadurch getilgt. Aber wie Sie wissen, werden Verluste meistens größer, und das Ergebnis ist schlecht. Dass wir in der Lage gewesen sind, diese kriminellen Machenschaften zu verkraften und trotzdem zu prosperieren, ist der immensen Stärke unseres Geschäfts geschuldet. *Aber dieser miese »Vigorish«[+] muss ein Ende haben!*

In den vergangenen Monaten haben die Leiter aller Abteilungen ihre Associates jeden Montag vor den Gefahren der Fehlbewertung gewarnt. Wir wollen die Aufdeckung solcher Vergehen nun noch raffinierter gestalten. In Einklang mit unserem Ziel, zu versuchen, jedem bei Bear Stearns bei der Mehrung seines Reichtums zu helfen, werden wir jeder Person im Handelsbereich noch an Ort und Stelle 5% des fehlbewerteten Transaktionsvolumens auszahlen, die uns auf eine potenzielle Fehlbewertung aufmerksam macht. Wenn die Fehlbewertung einen Verlust von 1 Million Dollar aufweist, wird derjenige, der den Verstoß meldet, sofort 50.000 Dollar Belohnung erhalten.

Alle Verdachtsmeldungen werden vertraulich behandelt. Wenn jemand Mark Lehman (-2549) anstatt jemanden aus seinem eigenen Bereich anrufen möchte, dann ist das in Ordnung. Niemand wird jemals für falschen Alarm kritisiert werden.

Wir würden das Klatschmaul selbstverständlich mit Missbilligung strafen und die Belohnung mit dem Betrüger auf Basis vorhergehender geheimer Absprachen unter uns aufteilen.

[+] Jiddischer Ausdruck für Wettgebühren oder auch Wucherzins, abgeleitet aus dem russischen »vyigrysh«. (A.d.Ü.)

An: Senior Managing Directors, Managing Directors und
Associate Directors

Von: Alan C. Greenberg

Datum: 5. Oktober 1993

CC:

Betreff:

Am 12. Juni 1983 veröffentlichte *The New York Times* einen
ziemlich langen Artikel über Bear Stearns. In diesem Artikel
wurden diverse unserer Wettbewerber mit Aussagen zitiert, an
denen wir Anstoß genommen haben, was wir ihnen auch
schriftlich zur Kenntnis brachten. Nachfolgend eines der Zitate:

»‚Bear Stearns ist sehr intelligent vorgegangen, indem es
sich auf Segmente verlegt hat, die die meisten Leute als zu
klein, zu spezialisiert oder sogar in irgendeiner Weise anstö-
ßig empfinden‘, sagte George L. Ball, President und CEO
von Prudential-Bache Securities. ‚Die meisten Unternehmen
verzichten aus Gründen solcher Empfindungen hin und wieder auf bestimmte Gewinne. Bear Stearns vertritt jedoch die
Auffassung, jede Transaktion, die Dollars einbringe, sei legi-
tim – selbst wenn es sich dabei um etwas handelt, womit Sie
Ihre Mutter nicht beim Abendessen konfrontieren möchten.‘«

Wie sagte Haimchinkel Malintz Anaynikal doch so oft: »Alles
kommt auf einen zurück.« Nookie fügte einen besonders schar-
fen Kommentar hinzu: »Beim Abstieg trifft man auf dieselben
Leute, die man beim Aufstieg auch schon getroffen hat.«

Wir haben gegenüber unseren Leuten bei Bear Stearns immer
betont, dass wir uns nicht abfällig über unsere Wettbewerber
äußern. Ihr Vorstand möchte diese Position noch einmal mit
Nachdruck wiederholen. *Wenn Sie nichts Gutes über jemanden
sagen können, dann sagen Sie gar nichts!*

An: Senior Managing Directors, Managing Directors und Associate Directors

Von: Alan C. Greenberg

Datum: 15. Dezember 1993

CC:

Betreff:

Der Presse zufolge wird es immer schwerer, ein großes Unternehmen zu führen. Ihr Vorstand hat alle erdenklichen Anstrengungen unternommen, um die neuen Managementtools zu begreifen. Ich spreche hier von:

1. Reengineering
2. Total Quality Management
3. Economic Value Added (EVA)

Nun scheint wieder etwas Neues aufzutauchen. Ich zitiere aus einer renommierten Wochenzeitung: »Die Hierarchie ist tot. Im neuen Unternehmensmodell führen Sie horizontal – nicht von oben nach unten.«

Diese Aussage scheint ziemlich viele Verzweigungen zu haben, inklusive mehrerer neuer Modelle für das Organigramm. Da sich die Dinge im Unternehmensmanagement in so rasantem Tempo ändern, haben wir beschlossen, unsere Studie über die neuen Techniken zu verschieben, uns zurückzulehnen und darauf zu warten, dass sich die Dinge von alleine klären. Vielleicht werden die akademischen Business-Gurus zu dem Schluss gelangen, dass das beste Managementtool immer noch der Gesunde Menschenverstand (GMV) ist. Überlegen Sie einmal, wie viel Zeit wir dann gespart haben.

Ich war immer der Auffassung, dass wir aufgrund unseres Managementstils eine Chance im Leben haben, und nachdem ich diesen Unfug gelesen habe, bin ich überzeugt, dass wir noch viel größere Gewinner sein werden, wenn wir auch weiterhin:

1. unsere Kosten im Zaum halten
2. für unsere Kunden arbeiten
3. beide Beine am Boden und den Kopf geradeaus halten.

Unsere Ergebnisse werden die Wirtschaftsschulen verblüffen, und vielleicht werden sie versuchen, unsere revolutionären Methoden zu entschlüsseln (das wird ihnen nicht gelingen).

Memo

An: Senior Managing Directors, Managing Directors, Associate Directors

Von: Alan C. Greenberg

Datum: 11. März 1994

CC:

Betreff:

Wenn Sie bei Bear Stearns Anrufe beantworten, sind Sie für unsere Gegenwart und Zukunft äußerst wichtig. Ihre Stimme und Ihr Enthusiasmus prägen den ersten Eindruck, den Menschen von Bear Stearns haben. Dieses ist nicht das erste Memo, das ich über die Bedeutung von Mitarbeitern schreibe, die Telefonanrufe entgegennehmen, aber ich habe den Eindruck, dass sich eine gewisse Nachlässigkeit eingeschlichen hat.

Letzte Woche hatte Nookie leider das Pech, mit jemandem zu sprechen, der die Persönlichkeit einer aufgeweichten Makkaroni hat und folgenden Satz vom Stapel ließ: »Das fällt nicht in meinen Zuständigkeitsbereich.« Dann hängte er auf. Wir suchen enthusiastische, hilfsbereite Leute, die Anrufe schnell beantworten und ohne Verzögerungen weiterverbinden – mit anderen Worten: Leute, die sich Mühe geben.

Anbei finden Sie eine Broschüre, die mich erneut über dieses Thema nachdenken ließ. Sie wurde nicht von Haimchinkel Malintz Anaynikal verfasst, könnte aber von ihm sein. Bitte sorgen Sie dafür, dass jeder Mitarbeiter Ihres Bereichs diesen Flyer liest.*

Wir werden am Telefon einen positiven Eindruck machen!

---

* Falls irgendeiner Ihrer hoch bezahlten Schlüsselmitarbeiter des Lesens nicht mächtig sein sollte, lesen Sie es ihm oder ihr bitte vor – es ist nur ein sehr kurzes Papier.

BEAR STEARNS

An: Senior Managing Directors, Managing Directors, Associate Directors

Von: Alan C. Greenberg

Datum: 9. April 1994

CC:

Betreff:

Es funktioniert! Als Anhang erhalten Sie ein Memo, das vom 30. September 1993 datiert. Bitte lesen Sie es noch einmal, und Sie werden sehen, was ich meine. Allerdings haben wir eine Verfeinerung vorgenommen. Die Belohnung wird auf maximal 1.000.000 Dollar begrenzt. Das wird Leute davon abhalten, solche Vorfälle erst mit Verzögerung zu melden.

In den letzten beiden Monaten haben wir zwei Schecks an Mitarbeiter ausgehändigt, die uns Fehlbewertungen gemeldet haben. Der zweite Scheck belief sich auf 65.000,00 Dollar. In beiden Fällen berichteten die Empfänger über bestimmte Fehltritte ihrer Vorgesetzten. So erhielten sie nicht nur einen Scheck, sondern auch eine umgehende Beförderung, weil ihre Chefs nicht mehr länger für uns arbeiten.

Dies war ein Nebeneffekt, an den ich in meinem ursprünglichen Memo gar nicht gedacht habe, aber ich glaube, jeder Ihrer Associates sollte inzwischen erkannt haben, dass es einen zusätzlichen Anreiz gibt, auf das Geschäftsgebaren seiner Vorgesetzten zu achten.

Was mich selbst betrifft, habe ich in letzter Zeit festgestellt, dass Lisa und Maureen mich mit ungeheurer Neugier, Aufmerksamkeit und Wachsamkeit bedenken.

Memo

An: Senior Managing Directors, Managing Directors, Associate Directors

Von: Alan C. Greenberg

Datum: 9. Mai 1994

CC:

Betreff:

Die Märkte sind ziemlich turbulent, und wir machen viel Geschäft mit Wertpapieren, die nicht an den Landesbörsen notiert sind, wie zum Beispiel OTC-Papiere, einige Bonds, Hypotheken und Derivate. Es ist sehr wichtig, dass wir Kunden, die derartige Papiere halten und uns anrufen, um sich nach deren Entwicklung zu erkundigen, die akkuratesten Kurse nennen, die wir bestimmen können.

Vor kurzem gab es in der Öffentlichkeit ein bisschen Wirbel, weil sich Verkäufer anderer Unternehmen offenbar davor gescheut hatten, einem Kunden den Wertverlust eines Papiers zu gestehen. Wenn wir jemals das Gefühl haben sollten, einer unserer Verkäufer mache gegenüber einem Kunden aufgrund dessen Druck oder seiner eigenen Dummheit Angaben, die nicht dem wahren Bild entsprechen, werden wir folgende Maßnahmen ergreifen. Wir werden den betreffenden Verkäufer auffordern, für 1.000.000 Dollar aus seiner eigenen Tasche diese Wertpapiere zu dem von ihm genannten übertrieben optimistischen Preis zu kaufen.* Es wird keine Geldstrafen geben, nur diese einfache Transaktion, gefolgt von einer disziplinarischen Zusammenkunft mit sehr hochrangigen Persönlichkeiten.

Wenn ich Verkäufer wäre, würde ich sichergehen, dass die Angaben, die ich einem Kunden gegenüber mache, von einer autorisierten Person am Trading Desk kommen. Wenn dieses Verfahren eingehalten wird und der genannte Kurs sich als falsch erweist, ist der Verkäufer aus dem Schneider.

---

* Sollte der Markt zur Zeit der Entdeckung der Fehlaussage höher liegen als der genannte fiktive Kurs, kommt der Verkäufer lediglich in den Genuss der genannten Zusammenkunft.

Memo

An: Senior Managing Directors, Managing Directors,
     Associate Directors

Von: Alan C. Greenberg

Datum: 24. Mai 1994

CC:

Betreff:

Zwei Mitarbeiter von Bear & Stearns haben mich innerhalb der
letzten 24 Stunden angerufen und sich über das Versäumnis
anderer Firmenmitarbeiter beschwert, Telefonanrufe zügig zu
erwidern. Diese schüchternen kleinen Beschwerdeführer wollten mir nicht die Namen der Missetäter nennen, sodass mir die
Freude versagt blieb, mit den Schuldigen persönlich zu sprechen.

Es gibt eine Menge schwierige Dinge in unserem Geschäft, und
manche unterliegen schlichtweg nicht unserer Kontrolle, aber
Telefonanrufe zu erwidern ist etwas, auf das wir sehr wohl Einfluss haben. Wir haben im letzten Jahr viele neue Mitarbeiter
eingestellt und vielleicht sind diese sich nicht darüber im Klaren, wie wichtig uns ein zügiger Rückruf bei Kunden und
Associates ist. Während des offiziellen Arbeitstags sollte jeder
Anruf umgehend erwidert werden, selbst wenn der Anrufer
Malaria verkauft. Ob unsere Leute zu Hause eingehende Anrufe erwidern, ist nicht unsere Angelegenheit (ich erwidere alle
Anrufe, egal wo ich mich gerade befinde).

Ich kann nur wiederholen, was ich schon einmal gesagt habe.
Wenn Sie mich wirklich glücklich machen und mir eine Freude
bereiten wollen, auf die ich wahrscheinlich keinen Anspruch
habe, dann lassen Sie es mich wissen, wenn jemand von Bear
Stearns einen Anruf nicht umgehend erwidert. Damit helfen Sie
uns auch, unseren Wettbewerbsvorsprung zu wahren. Unsere
Wettbewerber sind viel zu sehr mit strategischer Planung beschäftigt, um sich über solche Albernheiten wie die Erwiderung
eingehender Anrufe Gedanken zu machen.

Memo

An: Senior Managing Directors, Managing Directors und Associate Directors

Von: Alan C. Greenberg

Datum: 20. Juli 1994

CC:

Betreff:

Die heutige Ausgabe der *New York Times* enthüllt, dass ein großes Unternehmen verkündet hat: »Das Matrixmanagement ist in unserem Unternehmen gestorben.« Der President dieses Unternehmens sagte: »Diese Aussage ist in Stein gemeißelt.« Ich muss zugeben, dass man dem betreffenden Unternehmen mit diesem Managementstil nicht vorwerfen kann, es nicht genügend versucht zu haben, denn dieses Tool hat in den letzten vier Jahren dazu beigetragen, dass das Unternehmen vier Milliarden zweihundert Millionen Dollar verloren hat.

Besagtes Unternehmen ist nun dabei, »ein System einzurichten, dass die Verantwortung der Topmanager für den Erfolg oder Misserfolg ihrer Sparten deutlicher macht. Schluss mit endlosen Meetings vor einer Entscheidung. Schluss mit schleppenden Reaktionen auf Hilferufe von Kunden.« Dieser Artikel machte mir klar, wie dumm ich bin, weil ich nicht wusste, dass es noch eine andere Möglichkeit der Unternehmensführung gibt, als Leute persönlich verantwortlich zu machen, zeitnahe Entscheidungen zu treffen und Kundenservice zu erbringen.

Ein weiteres Jahr ist ins Land gegangen. Es war aufregend und bestimmt eines der anstrengenderen Jahre. Wir hatten größere Enttäuschungen seitens einiger unserer Associates zu verkraften, aber vielleicht wird uns das dabei helfen, unser Unternehmen straffer zu führen. Unser Ziel bleibt dasselbe – eine hohe Kapitalrendite, die mit Integrität erzielt wird.

Ich hoffe, Sie freuen sich genauso sehr auf das neue Jahr wie ich.

Memo

An: Senior Managing Directors, Managing Directors, Associate Directors

Von: Alan C. Greenberg

Datum: 28. Juli 1994

CC:

Betreff:

Die Zahlen von Bear Stearns für das Jahr, das am 30. Juni endete, sind inzwischen Geschichte. Die Tatsache, dass unser Jahresgewinn eine neue Rekordmarke gesetzt hat, wurde in der Presse eher verschwiegen, weil unser viertes Quartal gegenüber dem Vergleichszeitraum im Vorjahr schlechter abgeschnitten hat. Wir alle hätten es lieber gesehen, wenn unser viertes Quartal so gut ausgefallen wäre wie das erste, sodass wir eine schöne Steigerung hätten präsentieren können, aber wir müssen mit dem Blatt spielen, das wir in den Händen halten, und insgesamt war es in jedem Fall ein tolles Jahr.

Vor einigen Jahren wurde Index-Arbitrage noch für alles verantwortlich gemacht – vom Bärenmarkt bis zum Auftreten von Tornados. Dieses Urteil basierte auf schlichter Ignoranz, wobei wir uns ganz klar zu dem bekannt haben, was wir für einen legitimen Teil des Geschäfts hielten. Wann haben Sie das letzte Mal Kritik an Index-Arbitrage gehört? Dieselben Dinge hören wir derzeit über Derivate.

Alles, was Sie tun, ist mit Risiken behaftet, und das gilt selbstverständlich auch für Derivate und persönliche Beziehungen. Ich denke, man sollte immer vorsichtig sein, egal womit man sich befasst. Meine persönliche Sicht der Dinge lautet, dass man in jedem Fall auf beiden Gebieten aktiv sein sollte – Derivaten und persönlichen Beziehungen.

Memo

BEAR STEARNS

An: Senior Managing Directors, Managing Directors, Associate Directors

Von: Alan C. Greenberg

Datum: 17. August 1994

CC:

Betreff:

Im Verlauf der Jahre haben wir versucht klar zu machen, dass wachsame Associates das beste Sicherheitssystem sind. Durch interne Audits kann man langfristig wahrscheinlich auch Missetäter dingfest machen, aber das könnte Jahre dauern. Ein perfektes Beispiel für das, worauf wir hoffen, ereignete sich letzte Woche.

Margaret Kelly und Evelyn Hall arbeiten als Sekretärinnen in der Abteilung Futures. Zu ihren Verantwortlichkeiten gehört die Überwachung der Verwendung von Taxigutscheinen in ihrer Abteilung. Bei der Überprüfung der Rechnungen des vergangenen Monats fielen ihnen mehrere Taxigutscheine auf, die von Personen unterzeichnet waren, die nicht in ihrem Bereich arbeiten. Nachdem sie die Namen bei der Personalabteilung überprüft hatten, stand fest, dass die Namen reine Erfindungen waren!

Margaret und Evelyn ergriffen daraufhin die Initiative und riefen das Taxiunternehmen an, um herauszufinden, von welchem Durchwahltelefon aus die fraglichen Taxis geordert worden waren. Mit dieser Information waren sie in der Lage, einen verdächtigen Mitarbeiter zu identifizieren. Anschließend ließen sie einen Taxifahrer kommen, der einen der fraglichen Taxigutscheine angenommen hatte, und fragten ihn, ob er den Verdächtigen als Fahrgast identifizieren könne. Sobald das geschehen war, gaben sie alle Details an den Sicherheitsdienst weiter, woraufhin der betreffende Mitarbeiter gekündigt wurde. Margaret und Evelyn erhielten noch *vor Ort eine Bargeldbelohnung.*

Bitte sorgen Sie dafür, dass diese Geschichte bei den Mitarbeitern in Ihrem Bereich die Runde macht. Sie können dabei auch unsere Belohnungspolitik wiederholen, die wir bei der Meldung einer Fehlbewertung einer Position anwenden. Es gibt so viele Wege, um bei Bear Stearns Geld zu verdienen.

155

Memo

An: Senior Managing Directors, Managing Directors, Associate Directors

Von: Alan C. Greenberg

Datum: 29. September 1994

CC:

Betreff:

Heute Morgen stand in der *New York Times* ein Artikel über einen Mann aus Atlanta, der sämtliche Börsenmaklerfirmen der Gegend um insgesamt 15 Millionen Dollar betrogen hat. Bear Stearns glänzt dabei durch Nichterwähnung. Wir gehörten nicht zu den Unternehmen, die von Mr. Morse betrogen wurden.

Das hat nichts mit Glück zu tun, sondern mit dem Umstand, dass sich Mike Margolis, Frank Cox (Broker) und Floyd Berger (Compliance) weigerten, mit Mr. Morse nach seinem ersten Trade bei uns weiterhin Geschäfte zu machen. Obwohl Mr. Morse seinen mit dieser einen Transaktion verbundenen Pflichten nachkam, wollten die Jungs geschäftlich anschließend nichts mehr mit Mr. Morse zu tun haben – irgendwie gefiel er ihnen nicht. Unsere Leute haben die Art Misstrauen, Skepsis und Zynismus bewiesen, die wir bei Mitarbeitern von Bear Stearns sehen wollen.

Wenn wir als Broker tätig sind, arbeiten wir für eine ganz geringe Provision; unser Vorteil ist also sehr begrenzt. In jedem Fall gehen wir gewaltige Risiken ein, wenn wir mit unserem Urteil falsch liegen. *Gut gemacht, Jungs!*

Memo

An: Senior Managing Directors, Managing Directors, Associate Directors

Von: Alan C. Greenberg

Datum: 13. Oktober 1994

CC:

Betreff:

Der folgende Text ist ein Auszug aus einem Artikel, der am 6. Oktober 1994 in *American Banker* erschienen ist.

»Die Regierung dementiert einen Bericht, demzufolge sie bei einigen der größten Maklerhäuser des Landes Untersuchungen wegen des Verdachts der Geldwäsche durchführt.

Das Wall Street Journal berichtete am 21. September, dass die US-Zollbehörden in Zusammenarbeit mit der Steuerbehörde IRS bei Merrill Lynch & Co, Dean Witter Discover, Inc., Prudential Securities Inc., Paine Webber Group Inc. und Bear, Stearns & Co Untersuchungen über illegale Aktivitäten im Rahmen von telegrafischen Geldanweisungen eingeleitet haben.

‚Es gibt keine Untersuchungen zu diesen Unternehmen', sagte Marvin Smilon, Sprecher der Staatsanwaltsbehörde des Südlichen Distrikts von New York. Mr. Smilon sagte, normalerweise würde er Reportern in solchen Fällen zwar ‚kein Kommentar' antworten, er befürchte aber, dass dies als Bestätigung der Gerüchte gewertet würde.«

Ich bin sicher, dass Sie genauso erbost wären wie ich, wenn Sie den Wall-Street-Artikel vom 21. September gelesen hätten. Zu keinem Zeitpunkt hat man sich vor der Veröffentlichung des Artikels an uns gewandt, um uns die Gelegenheit zu einer Stellungnahme zu geben. Tatsache ist, dass Bear Stearns grundsätzlich keine großen Mengen Bargeld für irgendein Konto entgegennimmt. Die Regierung hat vor *einigen* Monaten einige Konten überprüft, auf die über eine Geschäftsbank telegrafisch Geld angewiesen wurde. Bis zum 21. September, dem Tag, an dem der besagte Artikel erschien, hörten wir nie wieder ein Wort darüber.

Es ist eine Schande, dass der Artikel in *American Banker* nicht dieselbe Aufmerksamkeit in der Presse erfährt wie der negative Bericht, aber ich nehme an, so ist das Leben in einer Großstadt.

Memo

An: Senior Managing Directors, Managing Directors,
Associate Directors

Von: Alan C. Greenberg

Datum: 25. Oktober 1994

CC:

Betreff:

Es ist wichtig, dass das Management von Bear Stearns über die
neuesten Modewörter auf dem Laufenden ist. Wenn Sie sich
noch einmal mein Memo vom 24. September 1993 ansehen,
werden Sie feststellen, dass es sich mit folgenden Begriffen beschäftigte:

- Total Quality Management (TQM)
- Kontinuierlicher Verbesserungsprozess (KVP)
- Business Process Reengineering (BPR)
- Sonstige Initiativen für Trading- und Organisationsent-
wicklung (SITO)

Soeben erreicht mich ein Pamphlet, das Value Migration be-
schreibt, und wie man damit Gewinn erzielt. Auf den ersten
Blick dachte ich, der Artikel handle von der Beobachtung von
Wandervögeln, aber da ich keinen Vogel mit dem Namen
»Value« kenne, war meine Neugier geweckt.

Ich werde nicht näher darauf eingehen, wie dämlich die Gedanken sind, aber ich wollte unbedingt, dass Sie von dieser neuesten Managementtechnik gehört haben. Wenn dieses Schlagwort
in Ihrer Gegenwart also je genannt wird, können Sie nicken
und sagen, selbstverständlich sei Ihnen diese neuste Innovation
ein Begriff. In der Zukunft können Sie sich unter Verwendung
seines Codenamens darauf beziehen:

- Value Migration (DUM)

Memo

BEAR STEARNS

An: Senior Managing Directors, Managing Directors, Associate Directors

Von: Alan C. Greenberg

Datum: 28. Oktober 1994

CC:

Betreff:

Das Timing des Memos über Value Migration mit Datum vom 25.10.94 war perfekt!

Soeben erhielt ich eine Einladung von Corporate Decisions, Inc. in Boston zu einem eintägigen Senior Excutive Forum am 29. November 1994. Das Thema der Konferenz: *Value Migration: Ein strategisches Modell für Geschäftserfolg in den 90er-Jahren.*

Falls irgendjemand unserer Senior Management Directors gerne daran teilnehmen möchte, lassen Sie es mich wissen. Die Teilnahme wird ihnen zwar nicht gestattet, aber ich würde mit den Interessenten gerne über die Gründe für ihren Teilnahmewunsch, ihre Managementphilosophie und die Gründe diskutieren, warum sie bei Bear Stearns sind. Meine Durchwahl ist die 4605.

Es hat den Anschein, als erhielten wir zu den Schlagworten aus meinem Memo vom 25.10.94 mindestens eine Konferenzeinladung pro Woche. Ich finde es verblüffend, dass wir nie eine Einladung zu einer Konferenz erhalten, die die Anwendung von *gesundem Menschenverstand* in der Wertpapierindustrie zum Thema hat. *Wir können nicht falsch liegen.*

An: Senior Managing Directors, Managing Directors, Associate Directors

Von: Alan C. Greenberg

Datum: 23. Januar 1995

CC:

Betreff:

Die aktuelle Ausgabe der *Business Week* vom 30. Januar enthält einen Artikel über ein Buch, das vor zwei Jahren erschien, in 14 Sprachen übersetzt und zwei Millionen Mal verkauft wurde. Der Titel lautet *Reengineering the Corporation.* Wenn Sie meinem Rat gefolgt sind, haben Sie das Buch nicht gelesen und somit Zeit und Geld gespart, weil der Autor nun ein neues Buch herausbringt, in dem er behauptet, Reengineering befinde sich in der Krise!

Dem Verfasser zufolge ist der Hauptgrund für das Scheitern von Reengineering in den Defiziten des Managements zu suchen. Er fährt in seinen Ausführungen fort, bis Manager wüssten, wie man »wertschöpfende operative Arbeit organisiert, wie man inspiriert, umsetzt, befähigt, misst und belohnt, könne Reengineering nicht funktionieren.« Welch Überraschung! Haimchinkel Malintz Anaynikal lernte das beim Ziegenhüten 101 (das ist der Kindergarten in seinem Land).

Dies sind harte Zeiten und es gibt keine einfache Lösung. Wir haben uns über Jahre an bestimmte Regeln und Vorgehensweisen gehalten und wissen, dass sie funktionieren. Sie werden auch in dem derzeitigen Umfeld funktionieren, und wir gestärkt daraus hervorgehen.

Memo

An: Senior Managing Directors, Managing Directors,
Associate Directors

Von: Alan C. Greenberg

Datum: 27. Januar 1995

CC:

Betreff:

Viele Verkäufer aus allen Bereichen haben uns gebeten, einen
Experten in Technischer Analyse einzustellen. Ich habe jemanden entdeckt, von dem ich glaube, dass er alle zufrieden stellen
wird, inklusive der Verantwortlichen unseres langwährenden
Sparprogramms. Dieser Mann wird im wahrsten Sinne des Wor-
tes für Peanuts arbeiten.

Alles, was wir tun müssen, ist ihn mit Papier und Bleistift zu
bewaffnen, und dann wird Doodles Danenberg seinen Job
machen. Anschließend verteilen wir seine Grafiken, die – das
verspreche ich – so gut wie jedes technische Chart an der
Wall Street sein werden.

Doodles wird nicht im Gebäude 245 Park Avenue sitzen, aber
auf Wunsch für persönliche Konsultationen zur Verfügung stehen. Er residiert einige Blocks entfernt im Schimpansengehege
des Central Park Zoos.

Ich bin sicher, alle von Ihnen wünschen Doodles ganz viel
Glück. Er wird an Mark Kurland berichten. *

---

* Mark erwähnte mir gegenüber, Doodles sei bisher weitaus weniger fordernd gewesen als alle neu eingestellten Mitarbeiter der letzten fünf Jahre. Hier lauert eine
Moral von der Geschichte. Wir alle sollten darüber nachdenken, unseren Horizont
bei der Suche neuer Mitarbeiter zu erweitern.

Memo

An: Senior Managing Directors, Managing Directors,
        Associate Directors

Von: Alan C. Greenberg

Datum: 24. Mai 1995

CC:

Betreff:

Wir haben alle sehr viel Glück, weil wir in einer faszinierenden, dynamischen Organisation arbeiten. Wir haben in verschiedenen Bereichen des Unternehmens einige aufregende neue Leute eingestellt, die sich in Rekordzeit akklimatisiert haben.

Einige Abteilungen, die die Presse abgeschrieben hatte, kommen gerade mächtig in Fahrt. Wir sind kurz davor, auf allen Zylindern zu laufen. Unser Geschäft ist großartig!

Ich habe einen Wunsch – meine Hoffnung ist, dass unser gesamtes Geschäft genauso rasant wächst wie unser Fehlerkonto, das in Rekordtempo zunimmt. Die Fehler sind sehr demokratisch; sie betreffen Leute aller Hierarchieebenen. Wenn Sie eine genaue Analyse durchführen würden, würden Sie feststellen, dass die Verursacher beinahe in jedem einzelnen Fall einfach nur nachlässig waren – Käufe statt Verkäufe einzugeben oder fünf Optionsverträge statt 50. Wir müssen etwas gegen diese Kosten tun, weil sie direkt zu Lasten unseres Nettogewinns gehen. Wenn Sie irgendwelche Vorschläge haben, lassen Sie es mich wissen. Sie müssen diese Probleme unbedingt nachdrücklich mit den Mitarbeitern in Ihrem Bereich besprechen.

Ich erwarte eine deutliche Verbesserung (das letzte Mal als ich dieses Thema anschnitt, stieg die Zahl der Fehler, aber ich dachte, ich versuche es noch einmal) innerhalb weniger Stunden nach Rundlauf dieser Epistel an alle Kollegen und Mitarbeiter.

Memo

An: Senior Managing Directors, Managing Directors, Associate Directors

Von: Alan C. Greenberg

Datum: 12. Juni 1995

CC:

Betreff:

Eine große Zahl unserer Associates hat sich bei mir über eine Flut von Berichten und statistischem Material beklagt, das sie erhalten haben und für überflüssig halten. In einigen Fällen haben Leute aus dem Gebäude 245 Park Avenue Dokumente von Bear Stearns auf dem regulären Postweg erhalten. Ich bin sicher, dass sich eine Menge Geld sparen lässt, wenn wir diese Verschwendung abstellen.

Wir werden versuchen, jeden Versand von überflüssigen Unterlagen, der uns gemeldet wird, zentral zu registrieren und zu untersuchen. Bitte wenden Sie sich dafür an Steve Wexman unter der Durchwahl 2-6060.

Danke für Ihre bisherige Aufmerksamkeit. Wir wollen sehen, ob Steve Ordnung in dieses Durcheinander bringen kann.

Memo

An: Alle Mitarbeiter

Von: Alan C. Greenberg

Datum: 31. Juli 1995

CC:

Betreff:

Ich glaube, dass es eine direkte Korrelation zwischen Telefon-
etikette und Gewinn gibt. Vor kurzem haben wir ein Beratungsunternehmen damit beauftragt, zu untersuchen, wie schnell wir
unsere Telefone abnehmen und wie wir Anrufer behandeln, die
versehentlich unsere Nummer wählen.

Die gute Nachricht ist, dass die meisten Mitarbeiter erreichbar
sind und ihr eigenes Telefon nach zweimaligem Klingeln abnehmen. Die schlechte Nachricht ist, dass einige der Anrufe
unbeantwortet blieben, dass die Begrüßung vieler Mitarbeiter
entweder unfreundlich oder unverständlich war und dass 26 %
*aller Mitarbeiter nicht in der Lage waren, einen Anruf richtig
weiterzuleiten.*

Wir haben nie Leute aufgrund ihrer Muskelkoordination eingestellt, aber vielleicht sollten wir unsere Politik ändern, da das
Weiterleiten von Anrufen offensichtlich athletischere Fähigkei-
ten abverlangt, als sie unsere Associates besitzen. Bereiten Sie
sich auf stichprobenartige Überprüfungen Ihrer Weiterleitungs-
kompetenzen vor. Sie werden zu 10 % auf Geschwindigkeit und
zu 90 % auf Akkuratesse geprüft. Diejenigen, die durchfallen,
erhalten Privatstunden von mir.

Es hat den Anschein, als hätten einige von Ihnen in der jüngsten Aufregung vergessen, dass die Art und Weise, wie sie ihre
Anrufe beantworten, den ersten – und letzten – Eindruck prägen, den ein Anrufer von Bear Stearns erhält. Bitte vergessen
Sie das nie wieder. Von heute an erwarte ich, dass Sie wissen,
wie man einen Anruf weiterleitet und dass Sie jeden Anruf
freundlich entgegennehmen.

164

Memo

An: Senior Managing Directors, Managing Directors, Associate Directors

Von: Alan C. Greenberg

Datum: 25. August 1995

CC:

Betreff:

Während der Sommermonate sind die Freitage üblicherweise ruhig – einsam im Büro – aber ruhig. Heute war eine Ausnahme.

Eine ehemalige Associate, die 1990 in den Ruhestand ging, hatte unsere Personalabteilung um einige Informationen gebeten und mir anschließend einen Brief geschrieben, in dem sie mir mitteilte, man habe ihre *zahlreichen Anfragen* nie beantwortet. Ein ehemaliger Registered Rep in San Francisco sagte, die Abteilung Compliance von Bear Stearns in San Francisco habe ihn nie zurückgerufen. Ein Registered Rep in Los Angeles rief mich an und sagte mir, einer seiner Kunden habe Mortgage Operations in Dallas angerufen, und eine junge Dame in diesem Büro habe seine *Anrufe* nie erwidert. Es ist schwer zu glauben, dass sich diese drei Vorfälle an einem einzigen Tag ereignet haben, nach all den nachdrücklichen Appellen und der wiederholten Betonung der Bedeutung einer schnellen Erwiderung von eingehenden Anrufen.

Normalerweise hat jede Geschichte drei Seiten, aber ich habe mich schwer getan, die Seite zu finden, die unsere Leute in das rechte Licht rückt. Ich habe mit den Bereichen von Bear Stearns gesprochen, die alles andere als perfekt zu sein scheinen, und hoffe, ich habe ihr Wochenende ruiniert, weil ich mich nämlich sehr darum bemüht habe.

Die Verwendung von Worten als Anstubser hat nicht funktioniert. Ab sofort werden faule, rücksichtslose Nichterwiderer von Telefonanrufen mit Bußgeldern belegt. Bitte informieren Sie alle Mitarbeiter Ihres Bereichs über dieses neue Verfahren.

Wenn Sie oder Ihre Kunden Opfer irgendeiner Form der »telefonischen Beleidigung« werden, rufen Sie mich bitte an. Es wird mir eine Freude sein.

BEAR
STEARNS

An: Senior Managing Directors, Managing Directors, Associate Directors

Von: Alan C. Greenberg

Datum: 1. September 1995

CC:

Betreff:

Vor dem Ende unseres Fiskaljahrs hatten wir 256 Senior Managing Directors. Wir haben zu dieser Jahreszeit immer einen gewissen Schwund, und der Verlust von acht Managing Directors (3%) hätte keine großen Diskussionen ausgelöst, wenn nicht sechs derjenigen, die zum Jahresende ausgeschieden sind, ungefähr im selben Bereich gearbeitet hätten. Daher hat es über diese Veränderungen zahlreiche Kommentare und Publicity gegeben, und voraussichtlich wird es noch mehr geben.

Der Vorstand möchte gerne darauf hinweisen, dass der Hypothekenbereich mit Sicherheit nicht das ist, was er mit Hinblick auf die Profitabilität einmal war. Die Gewinne der Abteilung und daher auch die Boni liegen erheblich niedriger als noch vor einigen Jahren.

Keiner der sechs Managing Direcotrs, die uns verlassen haben, sind zur Konkurrenz gewechselt. Tatsächlich hatte keiner von ihnen unmittelbare Pläne, irgendwo hin zu gehen.

Die meisten derjenigen, die uns verlassen haben, hatten das Gefühl, die Zukunft dieses Bereichs sei eher begrenzt. Vor einigen Jahren wurden die Aussichten der hochverzinslichen Anleihen allgemein abgeschrieben, und alle lagen falsch. Vor einigen Jahren hatte diese Welt Bankaktien abgeschrieben, und wir müssen Ihnen nicht sagen, was diese »zinssensiblen Unternehmen« getan haben. Erinnern Sie sich an das Klischee? Während andere ihr Engagement im Hypothekengeschäft reduziert haben, bleiben wir dabei, und unsere Wettbewerbsposition ist so stark wie nie. *Die großen Gewinne im Hypothekengeschäft werden zurückkommen.*

Wir empfehlen Ihnen, diese Argumente zu verwenden, wenn Sie auf die jüngsten Ereignisse angesprochen werden.

Memo

An: Senior Managing Directors, Managing Directors, Associate Directors

Von: Alan C. Greenberg

Datum: 27. September 1995

CC:

Betreff:

Ein renommiertes Beratungsunternehmen hat mir soeben eine Einladung zur Teilnahme an ihrer fünften Konferenz über die US-Finanzdienstleistungsindustrie gesendet. Eines der Themen, mit dem sie für die Teilnahme werben, lautet »*Reintermediation könnte in den Neunzigern eine genauso große Herausforderung sein wie Disintermediation in den Achtzigern*«. Ich denke, ich werde von einer Teilnahme an dieser Runde absehen, weil ich nicht den leisesten Schimmer habe, wovon sie sprechen.

Ich konnte kaum erwarten, heute Morgen ins Büro zu kommen und mit dem Leiter der Abteilung Internal Audit zu sprechen. Ich möchte, dass alle Bankauszüge und Wertpapierpositionen, die nicht bei Bear Stearns aufbewahrt werden, mehrmals im Jahr stichprobenartig und ohne Vorankündigung überprüft werden. Wenn wir das machen, verstehe ich nicht, wie eine Milliarde Dollar verschwinden kann.

Falls ein Beratungsunternehmen ein Symposium sponsert, das sich so prosaischen Themen widmet wie der Frage, wie man verhindern kann, dass das Geld aus der Tür fliegt oder wie man Associates dazu bringt, die Ausgaben zu senken und Telefonanrufe zu erwidern, werde ich sicher der Erste sein, der sich zur Teilnahme anmeldet.

Memo

An: Senior Managing Directors, Managing Directors, Associate Directors

Von: Alan C. Greenberg

Datum: 13. November 1995

CC:

Betreff:

Die Medien triumphierten über die Probleme der Daiwa Bank. Ein Zitat aus der *Newsweek:* »Es ging nicht darum, dass die Daiwa-Dummis 1,1 Milliarden Dollar verloren haben, sondern dass sie das abgestritten und die Fed an der Nase herumgeführt haben. Zu viel Arroganz zahlt sich nicht aus.«

Dies war nicht das erste Mal und wird auch nicht das letzte Mal gewesen sein, dass wir erleben, wohin Arroganz führen kann. Auf diese Gefahr hat uns Haimchinkel Malintz Anaynikal viele Male hingewiesen, und sie sollte unseren Associates immer wieder klar gemacht werden. Unsere Aufgabe besteht darin, auf Arroganz zu achten und sie jedes Mal im Keim zu vernichten, wenn wir sehen, dass sie ihr hässliches Haupt erhebt.

Erklärung der amerikanischen Jobbezeichnungen

Anmerkung der Übersetzerin: Da es in der Investmentbranche auch in den deutschsprachigen Ländern üblich ist, die englischen bzw. amerikanischen Titel auf den Visitenkarten und im Arbeitsalltag zu verwenden, wurden diese auch in diesem Buch so belassen. Nachfolgend eine kurze Erläuterung der Jobbezeichnungen:

Senior Managing Director = Senior-Geschäftsführer
Managing Director = geschäftsführender Direktor, Geschäftsführer, Generaldirektor
Associate Director = Partner-Direktoren
General Partner = Komplementär
Limited Partner = Kommanditist
Department Heads = Abteilungsleiter
Associate = hier: Mitarbeiter (aus dem Wertpapiergeschäft – im Gegensatz zu allen anderen Mitarbeitern aus unterstützenden/administrativen Funktionen)
Registered Representative = eine Art »(von SEC, NYSE und NASD) lizenzierter Kundenbetreuer«.

Folgende Bücher sind im Handel erhältlich oder können bestellt werden bei:
Fordern Sie unseren kostenlosen und umfangreichen Katalog an!

FinanzBuch Verlag
www.finanzbuchverlag.de

Frundsbergstraße 23
D-80634 München
Telefon: 089/65 12 85-0
Fax: 089 65 20 96
E-Mail: bestellung@finanzbuchverlag.de

Jeffrey K. Liker

FINANCIAL TIMES
DEUTSCHLAND

Der
Toyota
Weg

14 Managementprinzipien
des weltweit erfolgreichsten Automobilkonzerns

FinanzBuch Verlag

Jeffrey K. Liker

Der Toyota Weg

14 Management-
prinzipien des weltweit
erfolgreichsten
Automobilkonzerns

432 Seiten, Hardcover
Preis € 34,90 (D); € 35,90 (A); SFr 60,40
ISBN 978-3-89879-188-5

Dieses Buch beschreibt eindrucksvoll Toyotas beispiellosen Weg zu einem der weltweit führenden Unternehmen. Die von Jeffrey K. Liker herausgefilterten 14 Managementprinzipien sind dabei Garant für höchste Effizienz und Qualität. Besonders die sogenannte Lean Production – die „schlanke Fertigung", das Gegenstück zur Massenproduktion – wird ausführlich und anschaulich beschrieben. Fast alle Automobilhersteller haben mehr oder weniger erfolgreich versucht, das Toyota-Produktionssystem (TPS) zu kopieren, das zum Ziel hat, die Kundenzufriedenheit in den drei Bereichen Qualität, Lieferzeit und Kosten zu erhöhen. Mit seiner Unternehmensführung ist Toyota heute Vorbild für Firmen aus den unterschiedlichsten Branchen.

Jeffrey K. Liker
David P. Meier

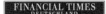

Praxisbuch
Der Toyota Weg
Für jedes Unternehmen

Begleitbuch zum Bestseller

FinanzBuch Verlag

Jeffrey K. Liker / David P. Meier

Praxisbuch
Der Toyota Weg
Für jedes Unternehmen

601 Seiten, Hardcover
Preis € 34,90 (D); € 35,90 (A); SFr 55,50
ISBN 978-3-89879-258-5

Toyota ist Sinnbild für beispielhafte Unternehmensführung und das beneidenswerte Geschick, sich perfekt an veränderte Gegebenheiten anzupassen – und eines der weltweit erfolgreichsten Unternehmen. Das bewährte Erfolgsrezept, das dahintersteckt, ist schlicht und ergreifend eine funktionierende Unternehmenskultur und -ethik. Das gute an diesem Konzept: Es ist, wie Jeffrey K. Liker und David Meier in diesem Praxisbuch beweisen, leicht auf andere Unternehmen übertragbar.

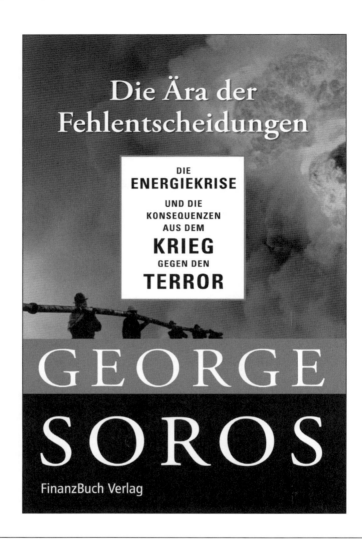

Die Ära der
Fehlentscheidungen

DIE
ENERGIEKRISE

UND DIE
KONSEQUENZEN
AUS DEM

KRIEG

GEGEN DEN

TERROR

GEORGE
SOROS

FinanzBuch Verlag

George Soros

Die Ära der Fehlentschei- dungen

276 Seiten, Hardcover
Preis € 29,90 (D); € 30,80 (A); SFr. 52,20
ISBN 978-3-89879-229-5

George Soros rechnet ab: »Das größte Hindernis für eine stabile und gerechte Weltordnung sind die Vereinigten Staaten.« Seiner Meinung nach ist die USA zu einer »Wohlfühlgesellschaft« geworden, die nicht bereit ist, sich mit der unangenehmen Realität auseinanderzusetzen. Solange sich diese Wohlfühlhaltung nicht ändert, sind die USA dazu verurteilt, ihre Vormachtstellung in der Welt zu verlieren. Und das wird nicht nur für die USA selbst, sondern für die ganze Welt schwerwiegende Konsequenzen haben. Denn: Es gibt auf absehbare Zeit keine andere Nation auf der Welt, die den Platz der USA einnehmen könnte.

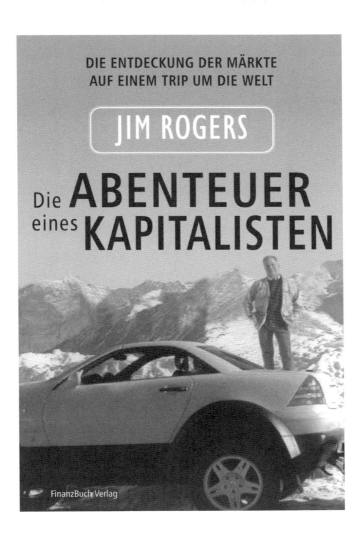

DIE ENTDECKUNG DER MÄRKTE
AUF EINEM TRIP UM DIE WELT

JIM ROGERS

Die ABENTEUER
eines KAPITALISTEN

FinanzBuch Verlag

Jim Rogers

Die Abenteuer eines Kapitalisten

317 Seiten, Hardcover

Preis € 24,90 (D); € 25,60 (A); SFr 43,70

ISBN 978-3-89879-135-9

In seinem neuen Buch nimmt Jim Rogers die Leser mit auf eine spannende Reise rund um den Erdball. Motiviert von seinem unstillbaren Durst, unbeschönigt aus erster Hand zu erfahren, was in der Welt vor sich geht, plante er sein dreijähriges Projekt. In seinen Augen bedeutet die Welt kennen lernen, sich vor Ort selbst zu organisieren und nicht von anderen in Watte gepackt durch eine Scheinwelt geführt zu werden. Der Autor legt besonderen Wert darauf, vielen Menschen unterschiedlicher sozialer Herkunft zu begegnen, um sich so eine umfassende Meinung bilden zu können.

Wenn Sie **Interesse** an
unseren Büchern für z.B.

Ihre Kundenbindungsprojekte als
Geschenk haben, fordern Sie unsere
attraktiven Sonderkonditionen an.

Weitere Informationen erhalten Sie bei
Stefan Schörner unter 089/65 12 85-0

oder schreiben Sie uns per e-mail an:
sschoerner@finanzbuchverlag.de